「漫说珠海」文旅丛书

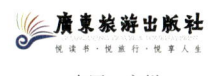

丘树宏 主编

漫说珠海 山

谭元亨
葛慧蓉
卢荫和
著

广东旅游出版社
悦读书·悦旅行·悦事人生

中国·广州

图书在版编目（CIP）数据

漫说珠海．山 ／ 谭元亨，葛慧蓉，卢荫和著． 广州：广东旅游出版社，2024.12. --（"漫说珠海"文旅丛书 ／ 丘树宏主编）. -- ISBN 978-7-5570-3396-5

Ⅰ．K926.53

中国国家版本馆CIP数据核字第20249AS534号

出　版　人：刘志松
策划编辑：彭　超
责任编辑：彭　超　宁紫含　于洁泳
封面设计：谭敏仪
内文设计：齐　力
责任校对：李瑞苑
责任技编：冼志良

漫说珠海：山
MAN SHUO ZHU HAI：SHAN

广东旅游出版社出版发行

（广东省广州市荔湾区沙面北街71号首层、二层）
邮编：510130
电话：020-87347732（总编室）　020-87348887（销售热线）
投稿邮箱：2026542779@qq.com
印刷：广州市岭美文化科技有限公司
　　　（广州市荔湾区花地大道南海南工商贸易区A幢）
开本：787毫米×1092毫米　16开
字数：190千字
印张：13
版次：2024年12月第1版
印次：2024年12月第1次
定价：68.00元

［版权所有　侵权必究］
本书如有错页倒装等质量问题，请直接与印刷厂联系换书。

本书地图根据广东省旅游交通图［粤S（2012）017号］、珠海市旅游交通图［粤S（2006）033号］、珠海市地图［粤S（2021）211号］修编，不作为任何权属争议依据。

"漫说珠海"文旅丛书总序

丘树宏

（1）

认识一个城市，最简捷的一个方法是从这个城市的形象广告语入手。

让我们以珠海为例。

对于珠海，自从1979年建市、1980年兴办经济特区以来，人们印象比较深刻的城市形象广告语是这些：

> 珠海：现代化海滨花园城市。
> 浪漫之城，情调之都。
> 海上云天，天下珠海。
> 青春之城，活力之都。
> ……

而我，也曾经拟过这么几句——

> 珠海：一百多年前中国从大陆经济、大陆文化走向海洋经济、海洋文化的缩影，改革开放后中国从封闭经济、封闭文化走向开放经济、开放文化的窗口。

岭南之珠，浪漫之海。

海的珍珠，珍珠的海。

诚然，仅仅通过几句广告词去了解珠海，是远远不够的。如果能读到一些介绍珠海的文章，就可以获得比较详细的了解。

2022年8月24日，我在《羊城晚报》"珠海文脉"栏目刊发了长篇散文《海的珍珠，珍珠的海》，用三个字对珠海进行了概括性的介绍，摘录如下：

如果要用最简单的几个字来概括介绍珠海，我觉得三个字就可以了，那就是：海、香、珠。

这就是我个人的珠海"三元"说。

何谓珠海"三元"说？且听我细细道来。

第一元：海。这是珠海的底色——

任何一座城市，都是有她的色彩的。珠海的色调就是蓝色，因为珠海的前生后世，一直都与大海融为一体、从未分割，蓝色自然是她的底色。

第二元：香。这是珠海的味道——

珠海，是带着馥郁的香气出生的，此后，她的一生都洋溢出氤氲的香气。

战国时期，珠海为百越之地。秦始皇统一六国后，于秦始皇三十三年（公元前214年）在岭南设南海郡，珠海属南海郡辖地，后来曾属宝安县。

唐至德二年（757年），宝安县更名东莞县，珠海属东莞县辖地，并开始设置香山镇（今珠海市山场）。香山镇，是由于境内诸山之祖五桂山奇花异草繁茂，神仙茶丛生，色香俱绝而得名。

香，就是从这个时候开始成为珠海的代名词。

第三元：珠。这是珠海的特质——

珠海，第三元素是珠。珠海的"珠"，有两个内涵。一个是有形的，二百六十二个海岛是大大小小串起来的珍珠，整个珠海也像是一颗晶莹剔透的硕大珍珠。这是自然界的珍珠。二是无形的，珠海的特质，就像珍珠一样纯洁无邪、晶莹可爱。这是精神层面的珍珠。

（2）

然而，仅仅阅读几篇文章，对一座城市的了解也还是十分有限的，最好的办法，是亲自走进这座城市，亲自观察她、感受她。

当然，在这个时候，如果能有一套书写珠海、介绍珠海的图书供你阅读，那就最好不过了。

好的！我们这就为你送上一套"漫说珠海"文旅丛书。

"漫说珠海"文旅丛书分为《山》《水》《人》《城》《食》五本。

可以说，读了这五本书，你一定会对珠海有一个总体印象和了解的。

珠海的山——

对于山，人们并不陌生。然而珠海的山，却有着其独特之处。

珠海的山，与古地中海有关，与云贵高原有关，与珠江有关，与南海、太平洋有关。

珠海的山是岛，珠海的岛也是山。"珠海的山是昨天的岛，珠海的岛是明天的山。"

珠海的山不高，高山人为峰，有人山则名。

珠海的地域面积不大，却有着两百多个山和岛屿，是珠三角海岛最多的城市。

珠海的山连着海，连着海上丝路。

珠海的海连着山，连着陆上丝路。

珠海的山，总是让人充满想象力。

珠海的水——

珠海市领海线以内海域面积9348平方千米，是珠三角城市中海洋面积最大的城市。

珠海有江水，有淡水，珠江八个出海口，有四个从珠海流向大海。

珠海有海水，有咸水，有伶仃洋，有南海。

珠海，有的是咸淡水。

讲珠海的水，不得不讲高栏港，不得不讲宝镜湾摩崖石刻。

讲珠海的水，不得不讲万山要塞，不得不讲国际大西水道。

说到珠海的水，人们一定会想起七百多年前的崖山海战，一定会想起七十多年前的万山海战。

珠海的水，"一一展现了相互联系的社会历史进程。它从自然之水而来，流经社会之水、经济之水、文化之水、未来之水"。

珠海的水，更是让人充满无限遐想。

珠海的人——

珠海的人，其实就是一般的广东人、岭南人、中国人。

然而，因为山海相连的缘故，因为咸淡水地理、咸淡水文化的缘故，使得珠海的人又与一般的广东人、岭南人不同。

务实而不保守，开放而不张扬，创新而不浮躁。

珠海人最早出洋看世界，最早从海外回望中国，让珠海包括曾经叫作香山的这个地区成为中国近代文化的一座高山，成为中国近代史的摇篮，摇出了影响中国和世界的伟人，摇出了一个伟大的名人队伍，摇出了推进中国近代史进程的伟大思想。

"中国近代史是珠海人历史的最重要的时段，同时珠海人对于中国近代史有着不可取代的非凡意义和广泛领域的影响力。"

珠海的人，让了解他们的人们充满崇敬。

珠海的城——

二十世纪八十年代初，香港某电台曾经说过一个谜语：只有一条街道、一个红绿灯、一个交通警察、一间百货商店的内地新兴城市是哪里？谜底是珠海。

这个谜语虽然有夸张和调侃的味道，有些人也不是很赞同，但我认为从城市建设这个角度看，还是很形象和确切的。

然而，四十多年后的今天，珠海却已经建设成一个国内外闻名遐迩的现代海滨花园城市。

珠海渔女，情侣路，日月贝，横琴岛，港珠澳大桥……小小的珠海，竟然有那么多、那么美、那么著名的城市标志。

"这座年轻的海滨城市，她那么明亮，每一天都比昨天更美，所有在此居住、到此流连的人，都因她而更加热爱生活、期待未来。"

实际上，在香港那个谜语出现之前，珠海就已经拥有了宝镜湾摩崖石刻、甄贤学校、梅溪牌坊、唐家共乐园等古老而宝贵的自然人文地标。

珠海的城市，是让人充满向往的城市。

珠海的食——

从"海底牛奶"叠石蚝油到横琴蚝，从海岛海鲜到白蕉鲈鱼，珠海在不断演化着咸淡水地理的美食文化。

那么多的人寻味白藤湖的"无情藕"，心底里却流露出丰富多彩的情缘。

那么多的人寻味伶仃岛的"将军帽"，言谈中却吟哦着文人墨客的诗句。

"在传承中发展，在交流中融合，在碰撞中创新，年轻的、活力的珠海，在美食中展现出了独树一帜、与众不同的一面。"

广府菜、客家菜、潮州菜，与珠海的本帮菜相交融。

湘菜、川菜、江西菜、贵州菜，在这里同城斗辣味。

葡国菜、日本菜、印度菜，异国风味摇曳飘香……

珠海的美食，总是让人流连忘返。

（3）

我们是这样考虑"漫说珠海"文旅丛书的创作总体思路的——

在学术指导上：在文旅大融合的背景下，在充分研讨和严格把关的基础上，以中国特色山水文化观照珠海，从珠海透视中国特色山水文化，使中国特色山水文化成为中华民族共同体的基本文化，并且走向世界，成为建设粤港澳大湾区、共建"一带一路"、构建人类命运共同体的文化纽带，充分彰显珠海的江海文化特色。

在写作视角方面：一是采用珠海视角、湾区视角、中国视角、世界视角。也就是说，既要有珠海本土视角，也要有异乡旁观者的视角，当然还需要更大视角来写珠海。二是作者视角上"有我无我"：既要有"我"的在场感，就是旅游个人体验，也要有无我的知识厚重感，也就是跳出"我"。

在写作方法方面：一是从大到小来写珠海，从世界、中国视角写起。二是从小到大，文章以小切口入手，讲好每个故事，有细节，有趣味，做到深入浅出、雅俗共赏；同时又从小切口来回应大时代，通过珠海的城市变化反映中国的城市变化。三是采用专题写作，取法其上，得乎其中，避免切割式写作。文字表达体现一个"活"字，阅读体验感要好，对读者的知识需求有益，适合游客尤其是年轻游客。

每一个城市都有她的过去、今天和未来，一套文旅著作，描绘的重点当然是今天，"漫说珠海"文旅丛书同样如此。然而，由于珠海曾经属于香山包括中山，有八百多年历史，而建制独立后的人们对这一段历史则多有认识不足，因此我们有意突出表现了珠海与"香山"的关联，包括自然和人文两个方面的来龙去脉、渊源基因等，都给予了不少的笔墨。我们觉得这样做是有道理的，更是有意义的。

"漫说珠海"文旅丛书是行走的文化散文。

本套丛书以旅游为载体，以文化为灵魂，通过行走的方式，将可游可感的风景及背后的文化和故事，以散文式、随笔化的语言呈现出来。

本套丛书所指的文化，重视"文"，更重视"化"，"文化"不仅凝聚在高文典册上，是一种知识或者符号，更渗透在日常生活中，成为生活中的日常和共识，进而成为珠海的城市风骨和人文精神。

"漫说珠海"文旅丛书是一套大家小书。

本套丛书强调作者行走的体验性、在场性，需"入乎其内"，但又要"出乎其外"，有"他者"的视野，并彰显学术的高度、知识的广度，既有原乡人的看法，也有异乡人的观点，从而区别于一般的游记。概括地说，本套丛书，是专家学者采取"漫说"的方式，在知后行，行后知，以浅显易懂、明白流畅的语言传达珠海的山水人文，是学者的散文，但又不受制于散文的文体。

"漫说珠海"文旅丛书，用"漫说"的形式，抒写"浪漫"的珠海；以文字的珍珠，表现珍珠的海。这就是我们的初衷。我们是这样想的，也是这样做的，期望能达到我们的初心。

"漫说珠海"文旅丛书讲究图文并茂。

图片也是内容，作者不仅需提供隽永的内容和优美的文字，还是珠海风景的拍摄者、发现者、展示者。当然，珠海市文化广电旅游体育局、广东旅游出版社也为此做了诸多努力。

《山》《水》《人》《城》《食》，以自然的"五味子"漫说珠海，以人文的"五味子"漫说珠海，丛书会告诉你一个无限精彩的珠海，交给你一个难以忘怀的珠海，送给你一个永记心中的珠海。

《山》《水》《人》《城》《食》，都在漫说着这八个字："海的珍珠，珍珠的海"——

> 有一个花园城市是哪里？
> 有一个花园城市是珠海。
> 一个比一个美丽的花园啊，
> 装扮成花园般的珠海。
>
> 有一个海滨城市是哪里？
> 有一个海滨城市是珠海。
> 二百二十七公里的海岸线啊，

环绕成黄金海岸的珠海。

有一个百岛之市是哪里？
有一个百岛之市是珠海，
二百六十二个海岛是海的珍珠啊，
二百六十二个海岛连成珍珠的海。

啊，珠海，珠海，
海的珍珠，
珍珠的海！

囿于水平，"漫说珠海"文旅丛书难免有错漏谬误之处，谨此，恳请读者鉴谅和批评。

2024年7月11—12日初稿于九连山下
2024年8月31日二稿于珠海、中山

目　录

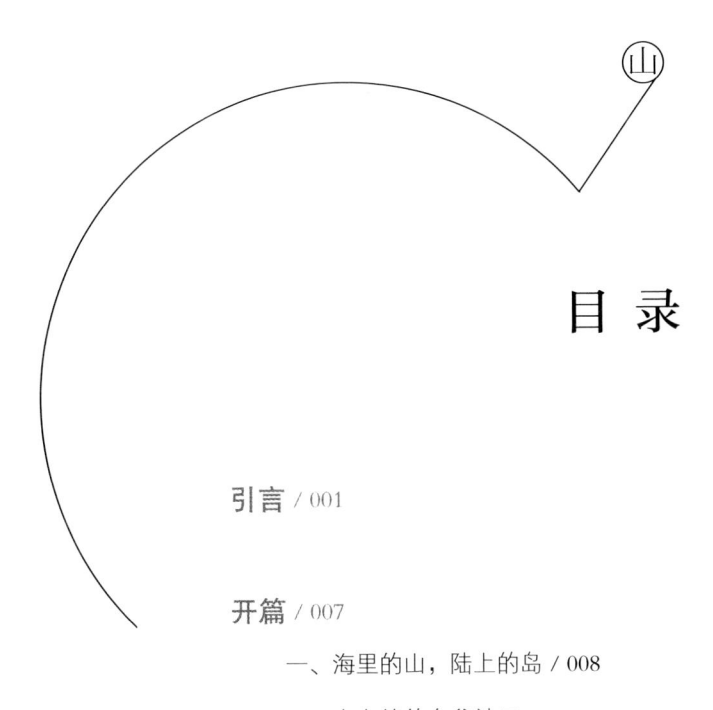

引言 / 001

开篇 / 007
　　一、海里的山，陆上的岛 / 008
　　二、大自然的鬼斧神工 / 011
　　三、山不在高，有人则名 / 014

沧桑篇 / 021
　第一章　寻找浪白澳 / 023
　　一、博物馆古图中的浪白澳 / 023
　　二、一寻浪白澳 / 026
　　三、二寻浪白澳 / 031
　　四、三寻浪白澳 / 035

　第二章　黑白面将军山 / 038

　第三章　炮台山 / 043

第四章　狮山 / 048

第五章　三灶岛 / 055

第六章　大万山岛 / 060

第七章　桂山岛 / 064

美学篇 / 071

第一章　石景山 / 073
　　一、巧夺天工 / 073
　　二、点石成金 / 078

第二章　凤凰山 / 084
　　一、长南径古道 / 087
　　二、普陀寺 / 091
　　三、凤凰山问兰 / 096

第三章　板樟山 / 102
　　一、1999 级台阶 / 103
　　二、百子碑 / 106

第四章　前山 / 108
　　一、寻找前面的山 / 109
　　二、未成海防城市的前山古寨 / 111

三、中山纪念亭 / 114

第五章　黄杨山 / 118
　　一、黄杨圣景 / 119
　　二、金台寺 / 122

第六章　孖髻山 / 125
　　一、云髻之美 / 125
　　二、"孖髻"与"文楼" / 126
　　三、彩虹行山径 / 127
　　四、百里平沙见沧海 / 129
　　五、崖门挽曲 / 130

见证篇 / 135

第一章　横琴岛 / 139
　　一、横琴岁月 / 139
　　二、《高山流水》 / 145
　　三、中心沟、十字门 / 149
　　四、《七子之歌》 / 153
　　五、围垦成陆 / 160

第二章　小横琴山 / 167
　　一、向阳村 / 168
　　二、围垦指挥部旧址与石屋 / 171

第三章　大横琴山 / 176
　　一、三叠泉 / 177
　　二、天湖 / 179
　　三、武帝庙 / 181
　　四、葡文碑 / 183

后记 / 189

引言

一

向你致敬，珠海的山！

你从大海走来，历经滔天骇浪，暴风骤雨。有道是，惊涛拍岸，卷起千堆雪，拱托你成一座座奇绝嵯峨的海岛；而后，你把巨浪逐退，与陆地相接，也就巍巍然成为一座座壮观的大山——这也是大自然的鬼斧神工，只是这奇工气势非凡，把岛化作了山！伟人把山比喻为"翻江倒海卷巨澜"，山也就成了巨浪，撼天动地！自然的山，大海的山，罡风的山，千年沧桑，就这么把你炼了出来，这才成为南海北岸的一道惊世骇俗的风景线。中国人称，坐北朝南，占尽风水，珠海的山，不就是南国极佳的风水宝地吗？所以，你的山名，才那么豪迈、大气，凤凰山、黄杨山、板樟山……只是有的还没褪掉海的胎记，横琴大小二山、桂山岛、船形山……相传人类就是从大海走上了陆地，而山，当是人类的先行者，早早就化岛为山，傲然耸立在蓝天白云之下。

从珠海的巅峰往南看，当是一碧万顷的南海。

先是万山群岛——这是典型的岛与山的结合，再往前，便有西沙群岛、南沙群岛，当然，西面是中国第二大岛——海南岛，岛上，更有赫赫有名的五指山，山山相望，岛岛相连，岛耶山耶，有谁分得清？往东，则是香港、中沙群岛，万顷白浪，多少航船往来，惊起无数白鸥！

这一天然的地理优势，该会给珠海的山带来怎样的先机？

耳边响起了20世纪大诗人郭沫若的名篇《凤凰涅槃》：

　　山右有枯槁了的梧桐，
　　山左有消歇了的醴泉，
　　山前有浩茫茫的大海，
　　山后有阴莽莽的平原，
　　…………

该不是说珠海的凤凰山吧！

凤凰涅槃，不就是在烈火中重生吗？

历经千万年的沧海桑田，仰视亿万年的斗转星移，珠海同样在浴火重生！

珠海自然之美，以大海为背景，有大山来相映，苍穹下，是怎样一幅美不胜收、气象万千的图画！

二

向你致敬，珠海的山！

你从历史走来，见证过多少刀光剑影？经历过怎样的枪林弹雨？历史绝不是过眼云烟，它镌刻在你的身上——珠海的山，你是多少个朝代更替的证人？你为驱除敌寇、守护民族尊严而战斗，在山谷上激起了多少振聋发聩的回响……你每一座山头，都有着怎样荡气回肠的故事，你每一道山溪，都奏响了人们对和平、和谐、和美的渴望……你是历史的山、岁月的山、时代的山，苟日新，日日新，不断刷新历史，刷新认知，刷新对未来的期待。唐家湾、圆明新园、珠海渔女、双蚌剧场，你总是不断给世人以惊喜，以后还会有更多刷新人认知的惊喜，你永远傲立,也永不枯槁,不会辜负珠海人、珠三角人,乃至中国人所有的期待!

溯历史而上,我们感叹……

海畔的摩崖石刻,那分明是新石器时代人祭海的场景,渔获多多,喜气多多,胜利的喜悦都刻进了石崖。

崖门血战,幸存者来到斗门,隐姓埋名,借自称珠玑巷移民,躲避了元军的血腥屠杀,在山下建起了一座座古村、古祠,还建起了金台古寺。

当年利玛窦正是来到珠海、澳门,上了肇庆的两广总督府,而后上了北京,参与了由中国制作的第一幅中文世界地图《坤舆万国全图》,惊艳了全世界!

明清时期,领世界贸易鳌头的十三行,正是在这里起步,大横琴山、小横琴山当中的海沟,当下叫"中心沟",正是这300年间数十个国家的商船停泊的地方,可以避风,亦可以避海潮,成就了海上丝绸之路一段辉煌的历史!

前山前、唐家湾,出了多少书写中国近代史的历史人物:开启中国幼童赴美留学的容闳、中国第一位总理唐绍仪、孙中山夫人卢慕贞、创办四大现代百货公司之一的蔡昌、清华大学首任校长唐国安、近代著名企业家唐廷枢、中共早期重要领导人苏兆征、著名版画家古元、著名粤剧剧作家唐涤生……一口气数下来,还得有长气才行,不然,还真读不完。在狮子山下,更有中华人民共和国开国元勋之一叶剑英的纪念广场,100年前,正是他在这里建立了一个独立营,后改为新编团,乃辛亥革命后一支"联俄、联共、扶助农工"的新型部队,有太多可歌可泣的英雄事迹……之后,则是抗日战争,三灶要修侵华日军的飞机场,三灶人民奋起反抗,死伤惨重;后来,解放战争中,万山战役,桂山岛上为烈士们立起了纪念碑……

而后,则是珠海成为改革开放开启时的四大特区之一,它选择了与其他特区不同的发展思路。

这一来,珠海成了中国美丽的宜居城市。

其中,珠海的山功不可没!

后来,珠海更因紧邻澳门,承担起"澳门回归"的不少工作,包括回归文化的阐释、强化，让珠海不少地方深深地烙上历史的印记——一个家国的印记。

建城如同写文章，曹丕有云：

> 文以气为主，气之清浊有体，不可力强而致。

珠海的城市发展，"清"字最为人所称道，任何人进入珠海，无不神清气爽，觉得一股清气袭人。

而清气，先来自珠海的山。

翠绿晃眼，宛若一泓清水、绿涧，围绕着珠海！

三

向你致敬，珠海的山！

讲了自然，讲了历史，想讲讲另一个层面——美！

珠海之美，也套得上孔子的名言，这是《论语·雍也》中言：

> 知之者不如好之者，好之者不如乐之者。

知——好——乐，不仅是读书，还是读景，读眼前——就是珠海的山！

"乐"者，乃中国审美的至高境界。

于是，珠海的五彩斑斓、争妍斗艳便——到了眼前。

一是红色。且不道珠海红色的历史，凤凰山乃香山的延续，当年的珠江纵队，正是从凤凰山长径古道进入香洲的，还有将军山，更有一座红色英烈的墓碑……这就不一一列数，我在珠海待过不少时间，在珠海迎接日头，送别夕阳，那时，满山都为霞光尽染，化作一片轻红，令人沉醉。赶上秋日，更是满山红叶，闪烁着醉人的光浪。还有，平日无论春夏，还是秋冬，满山遍岭皆是以红色为主的各类山花，笑靥迎人。

二是蓝色。且不道珠海面对南海，海水碧蓝，一直铺向天边。蓝色，代表着自由与理想，这也是珠海梦的主调。平日，临近暮色，眺望远山，也带有朦胧的蓝色。我曾读到童庆炳（他是莫言的导师，福建客家人）的散文，写的便是蓝色的远山，我在珠海也体悟到了。记得散文家兼小说家叶蔚林，也有一部小说《蓝蓝的木兰溪》，连溪水也被染蓝了。辽远、放达，无限的云天，正是这种蓝色，让人感悟到世界的开阔、无垠。珠海山之蓝，让人万分欣然。

三是青紫。珠海山的幽深之处，当然是满目青岚，一旦暮色变浓，更会变幻为青紫，如同一件紫色的大氅，披在绿水青山上，紫色的深沉，艳而不俗，历来是文人墨客所宝爱的。而地名为"紫云峰""紫云阁"的，更在全国比比皆是。

当然，最抢眼的，还是代表生命的绿色。山若绿色的屏风，水如绿色的绸缎，绿最养眼，也最鲜活，生活在一片绿色的山林中，人也长寿。关于绿，诗人、散文家描绘得最多了，我也不再在这里饶舌了。

珠海以岛生城，以山为伴，红橙黄绿青蓝紫，缤纷色彩带满城。以山为伴，登高远望，可望百里，可见千里，这是很多城市所没有的。别的地方登高要做计划，这里却是日日可登高，天天可远望。如此，珠海的大部分山岗都建成行山径，有的是沿山开凿一级一级而上，有的是架空跨越飞檐挂角。各条行山径各有别致造型，从无人机拍摄爱好者公开的图片可见，行山径如形态各异的盘龙巨蟒，短者二三里，长者则十里，或祥卧或欲飞，如果说一句"群龙聚珠海，气象万千见日月，福地也！"应会得到掌声如潮的回响。

自然——从大海走来的山。

人文——在历史中出没的山。

还有，争妍斗艳，可日日登高远望，绝美的山！

这可算是珠海山的三重奏？！

开篇

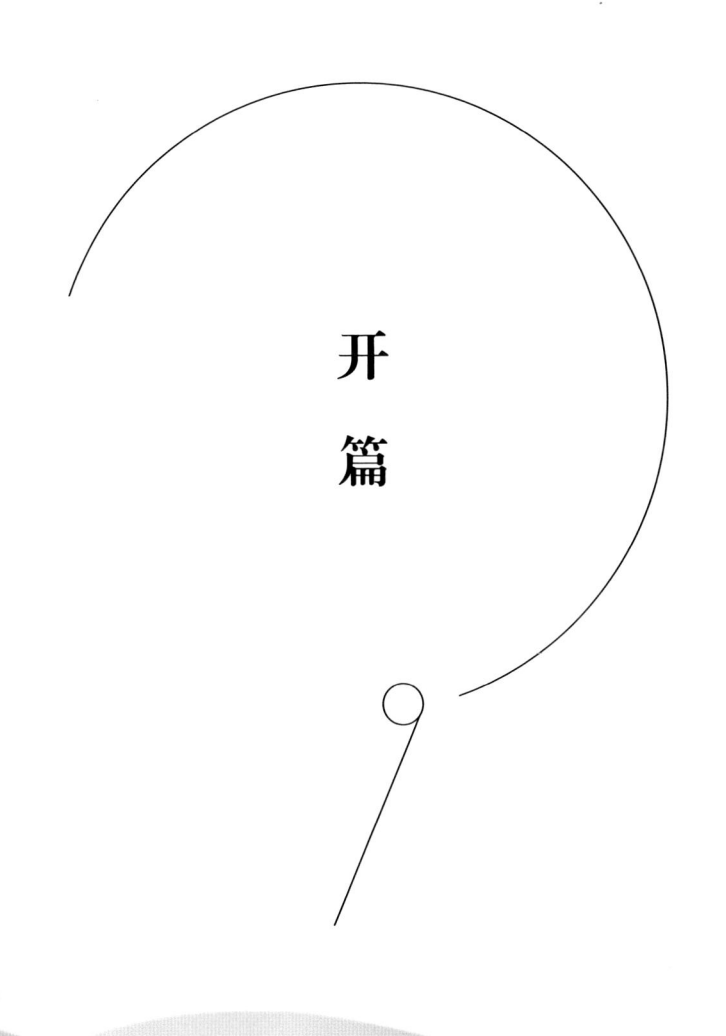

一、海里的山，陆上的岛

《诗经·小雅·斯干》中有"秩秩斯干，幽幽南山"。

斯干，是指山间流水，至于南山，是指终南山。

虽然诗句并非写珠海，但所描绘的景象正好与珠海相合。如今走遍珠海，名山、秀水，比比皆是，连绵的山，不高，颇有起伏的绿色波涛之意味，而山中的涧流、溪水、瀑布、叠泉，弯弯曲曲，起伏跌宕，若有人吟诗般一唱三叹，引入了幽然的意境。

2000多年前，会有珠海，以及珠海的山吗？

那时，这里不过是一片汪洋大海，顶多只有几座小岛，耸立在波涛之中，而且时隐时现。水雾弥漫，云开云合，人们会对岛的存在，都感到迷惑，正是"白云回望合，青霭入看无"。

——到岛上四顾茫然，云耶雾耶，更是似有若无。

不过，这些岛，不正是今日珠海的山吗？

板樟山、凤凰山、尖峰山、黄杨山……珠海人在今日，会扳上手指头，如数家珍。

无疑，山，是当前珠海交响乐中的高音部，是展开的乐曲中最为高亢的音符。

这么一说，珠海的山，乃早已有之。

正如大洋底下有水底山脉一样，随着地质的变化，这些山脉有可能几度隆起，直至冒出水面。

当然，珠海的山不一定会是这么形成的。

它们有它们自己的故事。

恩格斯在《自然辩证法》一书中，开宗明义称：

> 如果地球是某种逐渐生成的东西，那么它现在的地质的、地理的、气候的状况，它的植物和动物，也一定是某种逐渐生成的东西，它一定不仅有空间中相互邻近的历史，而且还有时间上前后相继的历史。

空间与时间，历史与地理两大要素。

当年大禹治水，在南国留下一个"禹门"，那是 4000 年至 5000 年前，或许更多。

而今，这个禹门的位置，在佛山市的三水区。

离珠海的海岸线，有近 300 千米。

但那时的南海大潮，可以直接涌向三水的禹门。

今天难以想象，潮水怎么可以扑向 300 千米之外，如此遥远的空间。

然而，正是大禹借南海的大潮，扑灭了那里的森林大火，让老百姓免于生灵涂炭。为此，后人才在那里建了一座禹门，以纪念大禹的功绩。

这并非神话。

人类面临的大洪水，是几乎任何一个民族的传说乃至史诗中都共同拥有。大禹治水，正是中华民族具有永久魅力的人类童年时代的传说。在长江、在珠江，都有大禹的纪念地，所以，禹门的传说，是大禹治水的一部分，绝非虚构。

那么，我们会问，南海潮何以会涌去那么远的地方？

其实，那时的海岸线并没那么远。

距今四五千年前，西江、北江三角洲的海岸线，在当今江门、顺德、番禺一线，离当今的三水只有 100 千米左右，南海潮往北扑去，借西江、北江水道，涌向三水，就一点也不为怪了。那时，珠海还在海水当中，露出若干个岛屿。

而黄杨山、凤凰山、五桂山与珠江三角洲的陆地连成一片，则是明末清初的事，还不到 400 年。

所以，当下的南海潮，已不可能冲向三水，不过，仅 100 年前左右，还可能冲向广州、佛山一线，所以，广府人至今仍然称珠江为"海"，江岸为"海皮"。

江与海，山与岛，就这么难解难分。

原来，这与珠江三角洲的形成是分不开的。三角洲的东、北、西三面都被山地围绕，东部有罗浮山、九连山，北部有白云山、王子山，西北部有高过 1000 米的鸡笼山，西部更有海拔 1139 米的大云雾山，只有南面是面对大海的。三角洲，就是冲积平原，上边有 160 多个丘陵、台地及残丘组成的丘岛——这已是山了。由于珠江三角洲为珠江口溺谷湾充填而形成的，那么，湾内过去的岛屿就成了高出平原的山了。最典型莫过于五桂山、凤凰山、黄杨山了——它们全部或大部在今天的珠海境内。

而作为岛屿的大横琴岛、小横琴岛、三灶岛及高栏列岛，一般都在海拔 200 米至 500 米，散布在城区边缘。

大横琴上，还有个牛角坑，在中心沟围垦时，被建成了水库，如今正在大规模开发，形成了"天湖"。

高山出天湖，这恐怕是珠海最有诗意的山的史诗。

有人认为，渔民们不喜欢称"岛"，是因为与"倒下"的"倒"同音，所以，珠海有 160 多个岛，被叫成"山"的也不少，最耳熟能详的，莫过于万山群岛，之前叫"万山"，而不叫"万山岛"。

总而言之，珠海珠海，海是毋庸置疑的。那么，"珠"又是什么呢？不妨把它的山，如同珍珠一般串联起来，形成珠海特有的自然与人文景观——我以为，这么把"山"视为这座城市的"珠"，让珠海又有一重新解！

山无重数周遭碧，

花不知名分外娇。

且借用辛弃疾这一诗句，形容珠海的山。

二、大自然的鬼斧神工

珠江"八门入海"，这是难得的地理奇观，于时空而言，更是一种历史的机遇。

在自然地理的学术话语中，这么多的入海口，自然会形成我们了解地形地貌中的"溺谷"。

溺谷词条的注解是：

> 海滨或者海滨处的河谷或山谷，由于侵蚀基准面上升或地壳下降，或由于海水面上升时被海水淹没而形成的漏斗型的狭长三角湾，是为溺谷。
>
> 英文名 supmerrged vally。

如果详细对溺谷的形成做出解释，那就不是几千字容纳得下的。

珠江三角洲本就是由珠江口充填而成，湾内的岛屿，大都成为大大小小、高矮不一的山，所以才形态不一，摇曳生姿。冲积平原的稻作、桑基鱼塘早早出名，而山地文化亦不甘居其后。山里盛产各种杂粮、水果及其他经济作物，形成不同层次的带状文化景观——凭这一条，珠三角与长三角乃至密西西比河、尼罗河的三角洲相比，更为出类拔萃。

毕竟，珠江拥有"八门"，八个三角湾。

而"八门"中，如包括虎门——珠海东部面对的是最大的入海口，则占有了一半之多。

所以，珠海的山地文化，蔚为奇观。

"八门入海"，就意味着珠江三角洲的入海口，有不同寻常的三角湾。而这八个三角湾，或大——如虎门，光港珠澳大桥的长度，就可以得知这个三角湾之大，在中国数一数二，在全世界也不会逊色于任何地方；或小——当然也小不到哪里去。

三角湾的地形，山与水的结合，还有良好的生态，从而产生的生物多样化，无疑为南国添姿加彩。

我们先数数这"八门"。

最北的蕉门，那是自琶洲的广交会、十三行的浩官炮台——这浩官是当年的世界首富，可了不得，再往前，便是番禺大桥。

洪奇门，其新港乃广东第三内港，就在顺德，现当代制造业的航母。

横门，在中山市，中山港美不胜收，如不划出珠海，中山的"门"不少。

崖门，几乎是中国文化的一次"滑铁卢"，宋元最后一战所在地。

好了，现在该说说与珠海相关的另外"四门"。

虎门，当然不是珠海独享，与莞深、港澳共有，毋庸多说。

磨刀门，就在珠海，磨刀门大桥气势恢宏。

鸡啼门，连接珠江西区斗门与金湾的跨鸡啼门特大桥。

虎跳门，跨这个"门"的大桥墩更为"亚洲第一跨"之美誉。

显然，珠江"八门入海"，就有一半在珠海境内或西岸外，而这"四门"，又给珠海带来了怎样的气象万千。

站在珠海的最高峰，若是风清晴好，往东的虎门、往南的磨刀门及西南的鸡啼门、虎跳门，当历历在目，水如腾飞的蛟龙，山若矫健之伏虎，还有烟波浩渺的南海，你怎能不心潮起伏，胸怀无限宽广，浮想联翩？

大、小横琴岛当中的中心沟，在因围垦出名，独占鳌头的顺德人从东西两头截住，形成了14平方千米的平地，如今更是粤澳深度合作区的核心区——南北两处，原大、小横琴岛，均为山地，开发起来，自然一马当先。

面对从东到西一个个"门"，门两侧高低不平的山湾，我为这亚热带地区有着旺盛生命力的绿惊叹，为自大海拂来穿山而过的清风感到惬意，同时一个个发自心底的问题脱口而出：

人类从这山水的和谐共处中感受到什么？

人类从这满眼的翠绿展示的生命中领悟到什么？

看到山上簇拥的森林，隐约的山径及古道，以及每一株树木，每一朵鲜花，乃至每一片绿叶，人类又可以悟出什么？

……

无以言状的冲动，让我思考在"此地"的位置，"此地"的坐标意义，"此地"的过去与未来。

是的，山沉下去是岛，岛升起来、水落下去又成了山，亿万斯年的沧桑变化，是怎么把这么一座美丽的城市在汹涌波涛中顶托了起来——如同珠江洪水与南海大潮的顶托，有时，可以在漫长的时间轴中，把陆地看成流动的泥土。

这都是大自然的鬼斧神工。

要写山，那么就要知道山的来历。

山的出身，不就是大海中的列岛吗？

已是深秋，大雁呈"人"字形在云中南飞，海风太大，在山上都听不到它们彼此的呼唤。

它只不过是过客。

可在山里，还有白鹭、鸥鸟、知时鸟，甚至还有灰鹤，它们互相呼应，讲的当是山的语言，试图与海沟通。

而黄杨山的清泉，潺潺之声，更是悦耳。

这都是大自然赋予的，大自然毫不吝啬地馈赠——大自然让珠海的山，被双手捧起，送到了人们的面前。

在珠海行走，不仅仅是在情侣路上欣赏雕塑珠海渔女，更不只是倾听珠海大剧院传来的欢声笑语,而且是关注各具奇姿的山,给我们传递大自然及历史的长歌!

由于溺谷的形成,三角湾的生态更是拥有无可比拟的优势,山中杂树生花,水边百鸟翔集,太平洋带来了充沛的雨水,滋润了溺谷生物的生命。一时间,生命的形态变得丰富多彩,人们也包括植物学家都满心喜悦地一再发现新的植被、树种、花朵,乃至不同类型的青草、丛林与蕨类,这简直是大自然奉送的最丰厚的礼品,而各式杂粮,也特别之多,以至用薯类堆积成了一座山,传为佳话。

我们难以描述溺谷生物的多样性。

我们更难以形容溺谷上的山地多彩的花卉植物。

大自然就这么鬼斧神工,让貌似平常的珠海,凸显出自身的个性、色彩与风格。

珠海的山是有幸的!

三、山不在高,有人则名

　　山不在高,有仙则名。
　　水不在深,有龙则灵。

刘禹锡在他的《陋室铭》这篇传诵千古的名文中如是说。

凭这一句话,珠海的山就不用因它的高度、形态而抱屈了。我们不妨小改一个字:山不在高,有人则名。凭此,珠海的山,则可以进入名山之列。众所周知,珠海的名人实在是太多了,数都数不过来,不少地方无法相比。

这些名人,大多是著名的仁人志士,他们为了中华民族的复兴,一洗中国近代蒙受的耻辱,前赴后继,死不旋踵,在中国一部近现代史上,声名显赫,如雷贯耳。

同样，孔子在《论语·雍也》中也有一句名言：

> 知者乐水，仁者乐山。

智者自不少，这里暂不一一道来，仁者更是如恒河沙数，比比皆是，无不应验孔子这一句话。

所谓智者的出现，载体就是物与事。

世界历史上各个时期的发展变化都会有一条分界线，例如石器、青铜器、铁器、蒸汽机等的出现，改变了世界，改变了历史。

世界近代史中有两条脉线：一是冷兵器更替为热兵器，热兵器的出现，意味着近代军事史的开始；二是经济上，从封建的朝贡贸易，转为东西方世界的海上贸易，即转为以契约为核心的市场经济。热兵器和市场经济席卷全世界，直至今天，改变全人类。对中国来说，这两条脉线，珠海都最早看见与占有。

论军事，葡萄牙殖民者1520年来到珠江口——准确说是虎门入海口（今日珠海的东岸海面），发生了中葡第一次交战，双方用的都是热武器，那是中国第一次使用热武器。这次交战后，明朝在东北边陲，用上"红夷大炮"，袁崇焕这位著名的明朝将军，把努尔哈赤打了个落荒而逃，连努尔哈赤也因重伤不治而亡。

论经济，葡萄牙人先到了浪白澳，即今珠海南水镇东南，当时还是一座小岛，开始了其海上贸易，后来，则以"晒鱼网"为名，赖在澳门不走了。

西方人在东方的冒险行为，使资本主义政治经济鼻祖亚当·斯密研究、分析东西方海上贸易，分析全球主要经济体的情况，探讨如何实现全球财富自由流动与循环，如何实现利益最大化，形成了最早的市场经济理论《国富论》。

梳理大航海时代海上贸易在东方的历史演进，我们不难看到，早期的冒险家、殖民者，是西班牙人与葡萄牙人。西班牙王室支持的哥伦布，于1492年往西远航，当他发现美洲新大陆时，以为便是印度，所以，现在地名还叫"西印度群岛"。后来，西班牙人绕过南美洲，经太平洋才到达菲律宾，由于教皇亚历山大六世于1493年提出的"教皇子午线"，才止步不前，未能到达真正的印度。

而葡萄牙人则是往南远航，于1462年到达塞拉勒窝内，1471年到达赤道，1489年到达刚果，3年后到达好望角。又过了10年，达伽马绕过了好望角，经印度洋到了卡利卡特，在那里把丝绸、胡椒等东方名产，成批量地运回了里斯本，这就极大地激发了葡萄牙人大航海的热情。仅过3年，进入16世纪，也就是1501年，葡萄牙人进入柯枝、卡利卡特，1505年在科伦坡建立了商馆。紧接着，更于1510年占领了果阿，再往东进入马六甲海峡，占领了中国的藩属国满剌加，而后，葡萄牙人进一步向南国，尤其是珠江口进发。

而后，便爆发了中国的第一次热兵器的交锋——屯门之战。

军事——宗教——商业，大航海时代的三重奏。

宗教，以沙勿（勿）略客死在川岛，最终未能登上中国大陆而告一段落。

军事，则是屯门兵败后，葡萄牙人仍不甘心，沿东南海岸北上，直至宁波。这一路上，他们以为其热兵器可占优势，实施了欧洲流行的各国之间的海盗劫掠方式，把到达之处视为占领地，如同在屯门一样立下占领标志，这便惹怒了中国人。于是，葡萄牙人商馆建不成，士兵也战死不少，船也给烧掉了，最终，又撤回到了珠江口南边。

明世宗嘉靖二年（1523年），葡萄牙一支海军舰队入侵广东新会县西草湾失败。嘉靖二十四年（1545年），明朝又禁止葡萄牙船驶入宁波港。在这种情势之下，葡人为打开葡中、葡日的贸易通道，迫切需要在中国找一处地方作为基地，于是到广东来，使用浪白澳为泊口。

自此，西洋的商舶络绎不绝而来，与中国行商进行大规模的海洋贸易，促使明王朝从早年的贡舶贸易，走向平等互市，这更意味着中国市场经济形态的初步形成，后来，成为"广州—澳门"的二元轴心，明政府在这里"准贩东西二洋"。

凭这一条，珠海当之无愧，可称之为中国近代史的第一港。

而当日西方商船大批到中国"互市",首先得在澳门停泊,领取执照,以便到广州纳税,销售商品,再购入丝绸、茶叶及瓷器三大中国主打产品,但澳门只是弹丸之地,无法停泊几百上千吨排水量的商船,于是,只能停留在十字门水道上。

这才有号称"广东小百科",屈大均著的《广东新语》中的名诗《广州竹枝词》:

洋船争出是官商,
十字门开向二洋。
五丝八丝广缎好,
银钱堆满十三行。

十字门水道,东面是澳门,西面则是今天名扬四海,粤澳深度合作的自贸区横琴。

当日,为大横琴、小横琴两岛。十字门的一横,就在大、小横琴二岛之间的东西水道。

那一竖,则是澳门与横琴共有的南北水道。

于是,300年间,数以千计乃至上万的各国商船,皆需要停泊在十字门水道上,等候批准进入广州。

大横琴可称得上为大山,山头上还有颇为可观的牛角坑水库,如今已被称为"天湖"。

当年明清政府,"以官治商,以商制夷",出面与外商打交道的只能是十三行行商。他们是中国第一的粤商,在中国近代经济史上,声名远扬,民间有:

潘卢伍叶,谭左徐杨。
龙凤虎豹,江淮河汉。

可见这十三行八大家何等显赫。

他们自然少不了到澳门，到十字门乃至横琴。

他们如孔子所说，是乐山的仁者，乐水的智者，他们开启了近代海上丝绸之路最辉煌的篇章。

除开十三行与珠海的关系外，在中国近代史上，诸如留学幼童、洋务运动、戊戌变法、辛亥革命，乃至抗日战争、解放战争，珠海的志士仁人，一个也没断纤，彪炳史册。

而今，珠海山中的纪念碑，写有多少烈士的名字。

珠海的人，在中国近代史的每一页上都不曾缺席，气冲霄汉，傲视风云。

珠海的山，似乎没有"刺破青天锷未残"的高耸，也没有万马奔腾、排山倒海的气势，或者没有没入层云、若隐若现的奇诡，更没有白雪皑皑于苍穹中闪光……我上山下乡到的罗霄山脉中段的井冈山，插队就在2000多米的鄱峰山腰——在那里，几乎每一座山都比广东最高峰高，推开门，云雾中见不到山顶，浩荡的山风，与林涛、瀑布和鸣，让人热血沸腾，久久不能自已。

也许，珠海的山是妩媚的、平和的，没有高度，也没有令人激赏的断崖绝壁，可它却是亲切的、热情的，时刻展开双臂，欢迎到来的客人。

一旦知晓它哺育的文化，它成就的辉煌，它吐纳自如的长风，还有，它在近代铸造出的作为第一口岸的历史，以及风姿绰约的各种文化，你立时就会感到，它已经在你的心中，不，在史书中，高高地耸立起来。

是的，是人，让珠海的山变得高大！

是人，让珠海的山名扬四海！

今日，当我们站在黄杨山上，眺望蔚蓝色的大海，波涛起伏的大海，遥想自浪白澨开始了万里梯航的与大航海时代接轨的中国，把目光落在1999年回归的澳门，你能不觉得自己站得很高了吗？

珠海的山真不是很高，人文境界却是高入云霄，就如坐在三尺课桌而胸怀天下，站于半尺讲台而知天下苍生。读懂珠海的山，就是读懂昨天、今天与未来。

貌似无奇又无险的珠海的山，却是山顶至山脚，都积淀着厚厚的人文景观，所以，"山高人为峰"这句话十分适合用于珠海的山。

珠海的山，可以让我们拂开头上的白云，追逐欢叫的海鸥！

珠海的山，可以让我们再一次读懂中国的近代史！

珠海的山，可以让我们清楚知道，明天中国的愿景在眼前！

▲ 航拍珠海情侣公路

沧桑篇

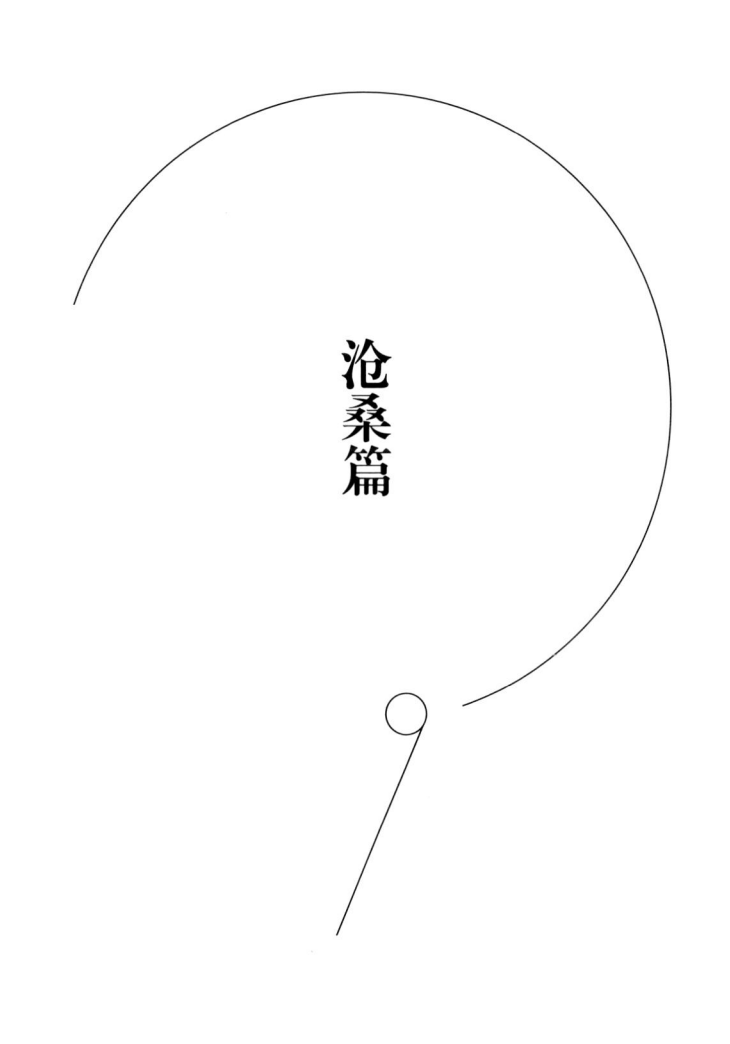

沧海桑田，亿万斯年的演变，是怎样的地覆天翻，乾坤倒转。天高地迥，宇宙无穷，盈虚有数。

珠海，同样在这亿万斯年中，由沧海而桑田，化岛屿为峻岭，最后拱托出一个山明水秀的世纪之城。

我们选择从浪白澳入手，演绎珠海的沧桑变化，是因为，这个开启了中国近代历史的小岛，现在已几乎消失在陆地的山岭之中，甚至一度找不到了。

但浪白澳之于世界的大航海时代，是最早的连接点——没有浪白澳，就没有澳门。没有澳门，就没有明清300年的广州十三行，令中国与世界的市场经济接轨，从而有了海上丝绸之路上有声有色的华彩乐章！

同样，也没有珠海在近代史上，风云际会、名人迭出、气壮山河的大剧！

这是珠海之幸，岭表之幸，南国之幸！

第一章　寻找浪白澳

一、博物馆古图中的浪白澳

浪白澳这个地名，或者说，这个曾经的小岛，对今天的年轻人来说，未免太陌生了。

感谢珠海博物馆，专门为浪白澳设立了一片展区。然而，展区里没有展品，也没有今日的照片，只有过去的地图，但或简陋或原始，所标记的"浪白"等地名或岛名，都不甚了了，其说明有"图中所示的'浪白'是一座岛屿，位于文湾之北，白藤之西，黄梁都之南，三角之东，但面积很小，那个年代经纬度在中国未出现，没有办法准确标出浪白澳的位置"。

或《香山县志》山川卷中，有"浪白"标记，而在县图中，原本分为两个小岛的"连湾"和"浪白"，却被述写于岛之上，标注为"连湾浪白"。

不过，有的海图中，倒明确写上了浪白澳为"番舶等候接济之所也，有香山所戍守之兵"。

博物馆的几十幅地图之后，有这么一段话：

> 尽管浪白澳曾惊鸿一瞥地出现于史料记载中，但它明确的位置和发展过程还有待查证和发掘。

很感激他们为寻找浪白澳的确切位置所做的很多工作,和付出的很大努力。

为什么要这么做?

在珠海的历史上,乃至海洋贸易史上,不,是海上丝绸之路及十三行史上,这个岛屿实在是太重要了。

怎么重要?

我们在开篇虽然点到,当下,我们如何确认它的历史地位?

在今天的地图上,我们已经找不到它了,别说珠海的地图,连珠海海岸图,也都找不到它了。

博物馆都没找到!

莫非,只因为它"面积很小",小到海面上也可以让水雾掩盖,甚至让海浪吞没。

但在历史及历史地图上,它是抹不去的。

由于我们偏重于澳门与内地近代史的研究,所以,不经意地忽略了香山本身,包括今日珠海的一部分,而澳门作为十三行外港之前,珠海更有浪白澳、横琴岛等,自明代以来,一直是作为对西方贸易开放的重要港口,这有大量的史料为证。

明洪武三年(1370年),明政府在广州设置市舶司,与外国进行贡舶贸易,划定香山南部的浪白澳为外国商船停泊和贸易的港口。刚开始,是给来自满剌加及日本的商船停泊的。后来,明朝广东市舶司为防止外国商贾侵扰内地,特定此处为外国船只停泊的地方。

到16世纪中叶,据郭棐《万历广东通志》卷69《澳门》记载,嘉靖年间,明朝政府首度允许了非朝贡国家葡萄牙在浪白澳、澳门,特别是中国最大的港口广州进行贸易,自此,广州十三行成为对外贸易的要地,而澳门则成了十三行的外港。广州于十三行地面上的展销,也就远远超于先前任何一个历史时期,也超过世界任何一个国家的商港。在中国相当强盛的时代里,广州的交易集市自是世界第一。

浪白澳是明清时期中外贸易的一个重要地点。当时，香山的浪白、蚝镜、十字门都是外船重要的泊船地点。葡人入据澳门以后，直至清道光初年，浪白澳一直为蕃舶等候接济的地方，后来，由于淤泥沉积水浅船不能停泊才停用——这已是20世纪了。

浪白澳又称浪白滘，明清时期属黄梁都。各类史书对浪白澳的记载不少，其中，清初顾祖禹《读史方舆纪要》称："浪白澳在香山澳之南，为藩舶等候接济之所。"道光初黄培芳载称："浪白为两口总汇，有汛，隶香协右营。浪白澳在澳门西迤南九十里，在黄梁都西南六十余里，鸡心洲当其南口，北为连湾，东为文湾，又东与三灶、大林山对峙，为鸡啼门。昔蕃舶薮也，今已淤浅不能停泊。"

《〔光绪〕香山县志》卷四《舆地上·山川》中则称：

> 文湾山在土城之南六十二里大海中，峯峦秀卓，与连湾山对峙，中界浪白滘海，自成一港湾，拱如门，有鸡心洲收束。其势山横列如城垣，广

▲《〔光绪〕香山县志》卷四节选

三十余里，内有村落。明正统间，佛啷叽夷泊居浪白之南水村，欲成澳埠，后为有司所逐。

葡萄牙人大都是随商船来到了浪白澳，自然，已侵占了满剌加的葡萄牙人，也就顶替了满剌加在这里留了下来。这从葡人罗理路的《澳门寻根（文献汇编）》中可以得到证明。

克鲁斯（Gaspard da Cruz）是葡萄牙籍的多明我会士，1548年来到东方传教，1554年在马六甲建立了一所会院，随后到柬埔寨待了一年。他听说中国人有皈依基督教的潜质，因此决定到中国去。1556年，他搭乘一艘中国商船从柬埔寨来到中国海岸，获准访问广州，在那里停留了约一个月。关于他的入城过程，葡萄牙学者罗理路在《澳门寻根（文献汇编）》中有一段话：

> 他一定是到了浪白澳泊岸，因为在当时，凡是来自麻剌加和日本列岛的葡萄牙船只，都只停泊在浪白澳的。稍后，大概是自1556年12月至次年1月，他同葡萄牙商人一起访问了广州市，在那里停留了约一个月。

这里，我们仅仅简单引用了几部史书的记录，便足以证实浪白澳在国际海运史上的重要位置。

二、一寻浪白澳

然而，我们今天却把浪白澳弄丢了。

这才多少时间？

岁月无情却有情。

也许是一种历史缘分，刚好在 10 年前，我曾经与几位影视人，启动过寻找浪白澳的征程。

那是 2014 年。

早在 2008 年，作为十三行行商的后人、广东省人民政府参事，我曾向省里提出过"擦亮十三行的文化品牌"的建言，得到了多位省委、省政府的主要领导批复。于是，作为文科重点基地的十三行研究中心建立起来了，十三行博物馆也成立了，外文翻译也启动了，我的《十三行史稿》完成了初稿，随之而来的电视连续剧《开洋——国门十三行》也写出来了。

写十三行的开端，无论如何也绕不过浪白澳。

因为那是 15—16 世纪，世界大航海时代，连接上了中国之际。浪白澳成了第一个外国商船停泊的地方。

所以，在历史上，它一点也不小。

在克鲁斯（Gaspard da Cruz）所著的《中国志》更讲到，约 1550 年，中国沿海释放的葡人战俘，在被释放后，"漏网的残余者从那里逃到了浪白澳"。日本史学家藤田丰八考证后亦指出"葡人自被逐于宁波之后，先则以浪白澳为根据地，后移香山澳，即濠镜澳"。

他们之所以逃往浪白澳，自然是明代在这里开放了对西方的贸易，当时的浪白澳，成了一个"唯一之国际贸易港，为番舶等候接济之所"，葡萄牙人更称浪白澳为 16 世纪的中国"上海"，也就是说，它是澳门形成十三行外港之前东西方贸易的枢纽，威廉士（Wells）在当时的《中国商业指南》中更称："1542 年葡人始至浪白澳贸易，1554 年来才渐多，1560 年时荷人居浪白者，约有五六百名。"直到 1582 年，两广总督陈瑞，才允许葡人祖居澳门，在这之前，浪白澳葡人已逾千数。

能住上逾千数人，该有多大的一个岛屿及港口。

这么大，怎么说不见就不见了呢？

▲ 浪白澳，亚热带风情的竹寮

葡萄牙在宁波惨败，之后被驱逐，在漳州也无法站稳脚跟，最后仍回到了广东，在"浪白澳"做贸易。这已是嘉靖二十年，即1541年了。但在澳门西南的浪白澳"限隔海洋，水土甚恶，难以久驻"，于是，他们重金贿赂了广东海道副使汪柏，同意他们按明朝规定20%关税的一半缴纳，可以在澳门做临时贸易。这是嘉靖三十二年即1553年了。基于浪白澳贸易的经验，澳门的贸易迅速地兴盛起来了，也就是同一年，明朝政府也允许作为非朝贡国家的葡萄牙在浪白澳、澳门乃至"中国第一大港广州"进行贸易，且在这前一年，因"倭祸起于市舶"，停罢了浙江市舶司，不久，福建市舶司也因同一理由被停罢了，这样一来，"逐革福建、浙江二市舶司，惟存广东市舶司"——虽然这次没被视为"一口通商"，但其举措则有点相类似了。

后来，到17世纪，英国人来了，澳门附近的横琴岛，成为其商船与战舰的停泊地。

明万历二十八年（1600年），英国东印度公司成立。明崇祯八年（1635年），该公司被葡萄牙人雇用的商船"伦敦"号，装载货物，首次抵达中国，并在澳门停留了3个月。同年12月，在英王查理一世的特许下，葛廷联会（一译科腾商团）组织了一支装备齐全、武器精良的远征舰队，以威代尔为舰队司令，蒙太尼为总商，到东方进行冒险活动。这支舰队由 4 艘军舰即"龙"号、"森尼"号、"凯瑟琳"号和"殖民者"号及 2 艘轻帆船即"安娜"号与"发现"号组成。1936 年 4 月，从英国启航，取道卧亚、拔奇尔、阿郢及满拉加等地，向中国进发。崇祯十年（1637 年）6 月，这支舰队中的 3 艘军舰（"龙"号、"森尼"号、"凯瑟琳"号）及轻帆船"安娜"号抵达澳门附近的横琴岛。

著名的十字门就在澳门、横琴岛之间，故有"十字门开向二洋"的诗句。后来填海造田，先把一横的东半截填掉了。

罗理路《澳门寻根（文献汇编）》中还有："自苏萨少校与汪柏达成口头协议以来，葡萄牙人'可以到广州访问并在有限期间内居住在该城。临时营地渐渐从上川岛移到了浪白澳，从一岛移到另一岛，但总是越来越靠近广州'。在中外贸易历史上，在澳门兴起之前已是广东沿海重镇。"

在 1557 年获准居留澳门之前，浪白澳的市舶司的规模是相当可观的，有史料记载，仅驻此岛的士兵就达 500 人之多，还有一些水师船只驻扎，作为监督。嘉靖末年，已经约有 600 多名葡萄牙人在此居住。而这时，广州的市场已经开放，作为十三行商馆的前身，在海珠石周遭展开的东西方贸易已风生水起，形成规模。广州市场开放后，最先来到这里的传教士是耶稣会神父巴莱多（Melchior Nunez Barreto）。巴莱多是葡萄牙人，1551 年被派往东方传教，担任耶稣会日本传教区会长，1554 年参加了葡印政府派往日本的使节团，已加入耶稣会的费尔南·门德斯·平托（Fernão Mendes Pinto）也是其中之一。他们于 1555 年 7 月 20 日来到上川岛，8 月 3 日到葡萄牙人的临时栖息地浪白澳。平托说，葡萄牙商船"都在这里互市贸易"。1555 年 11 月 23 日，巴莱多在浪白澳写了一封致果阿耶稣会士们的书信，信中描述了他从马六甲到广州的行程，介绍了广州的行政机构、司法情况及社会风貌，并提到了广州的海外贸易：

这片国土是如此的富庶，在我们所在的港口就有三万多担胡椒，还有刚从日本开到的一艘船运来的十万克鲁札多的白银。这一切一个月左右全都销光了,这一个月是准许从广州运货到这个上川岛让我们同中国人进行交易的时间,我们出售了这些货物,换来我们向你们那边以及其他地方去的货物。

巴莱多信中所说的"我们所在的港口"即浪白澳,"上川岛"应是"浪白澳"之误。他虽然没有明确提及葡萄牙人上广州贸易之事,但很清楚的是,集结在浪白澳的葡萄牙商船带来的货物是销往广州的,他们的回程货物也来自广州市场。

前边提到的克鲁斯,于1557年初返回了马六甲。1570年,他的《中国志》一书在欧洲出版,该书除了介绍广州的城市概貌、建筑、衙门、人口、自然景观、社会风情等之外,还特别谈到了广州繁荣的商业。他说,广州的河流中停泊大量船只,每天有几十上百艘船只进港或离港,运送货物到全国各地。广州也有海外贸易,主要是葡萄牙人和暹罗人来此贸易,但与中国人之间的内贸相比,外国人在广州的贸易规模就"显得微不足道"。"差不多等于零,一点都不受重视。因为仅葡人和暹罗人才在中国运送东西,这些东西尽管很多,仍好像没有从中国输出什么似的。"他又说,"葡萄牙运来广州交易的主要商品是胡椒和象牙,而这些并不是中国人日常生活所必需的。"克鲁斯在书中对广州的外贸环境进行了一番描绘,他说:"从1554年以来,在中国进行贸易是平静的和没有危险的,打那时起,直到今天,除偶尔有不幸外,没有损失一条船,而从前却损失了许多艘船。"他接着说:

> 自1554年以来,莱昂尼·德·苏萨任少校,和中国人订立条约说我们要向他们纳税,他们则让我们在他们的港口进行贸易。从此后我们便在中国第一港口广州贸易。中国人带着丝绸和麝香上那儿去,这是葡人在中国购买的主要货物。他们在那里有安全的港湾,平安而无危险,也没有人捣乱。

> 因此中国人现在好好做买卖，大大小小现在都乐于跟葡人交易，他们的名声传播中国。以致宫廷的一些大官听说他们的大名，只为看看他们而去广州。

可见，当时浪白澳至广州参与"广交会"的营商环境是相当良好与安全的。

无疑，浪白澳已是海洋贸易的重要环节。

而我们，要拍片，首先要获得现场感，所以，如果找不到浪白澳，影视人的灵感就同样找不到了。

开始，我们只是简单地认为，浪白澳不过是离海岸不远的小岛——其实不小，历经500年，应该与陆地连接起来了，所以，沿着珠海的南部沿岸，应该不难找到。

于是，我们开着车，从市区出发，越过大桥，抵达了金湾区，先是南下，上了三灶，那里，南边的海岸边，已是著名的珠海机场，每年都有惊艳世界的国际航展，我们都参观过多次了。

然而，在三灶寻问，包括六七十岁的老人，都说这里没有浪白澳，三灶本就是一个旅游区，要与这个浪白澳历史名岛相关，早就开发了。显然，我们判断的方向不对，第一次寻找告失败。

天都黑了。

三、二寻浪白澳

一次找不到，不甘心，再找第二次。

这次，出发前做足了功课，毕竟，澳门史上提到过浪白澳，《香山县志》中也有模糊的地图：是在金湾之西。也就是说当时三灶镇西边，这样，范围缩小了，好找。况且，浪白澳岛本来就不小。

我们志在必得。

▲ 浪白澳海关税务司公馆

还在明世宗嘉靖二年（1523年），葡萄牙一支海军舰队入侵广东新会县西草湾失败。嘉靖二十四年（1545年），明朝又禁止葡萄牙船驶入宁波港。在这种情势之下，葡人为打开葡中、葡日的贸易通道，迫切需要在中国找一处地方作为基地，于是到广东来，使用浪白澳为泊口。浪白澳在澳门西南二十八里处，是中国为防止外国籍商贾侵扰内地，广东市舶司特撰定为外国船只停泊的地方。但该地并非优良海港，孤岛悬海，水土又十分恶劣，居民极少，很难长驻，葡人泊船通商，并不方便。

1614年欧洲人平托所写的《远游纪》曾经说："我们从上川岛出发，太阳落山的时候抵达浪白滘，其时葡萄牙人与华人在岛上做生意。"可见，澳门占据之后，浪白澳并未失去其港口作用。

在沙勿略死于上川岛之后三四十年，著名传教士利玛窦终于因为他的机敏，得以经过澳门进入内地。利玛窦是意大利籍著名耶稣会士，在中国活动了28年（1582—1610年），晚年在北京以意大利文撰写了回忆录，后经比利时籍耶稣会士金尼阁（Nicolas Trigault）增写并译成拉丁文，在欧洲以《基督教远征中国史》的书名出版。书中有一段介绍"广州交易会"的文字，他们说：

> 葡萄牙商人已经奠定了一年举行两次集市的习惯，一次是在一月，展销从印度来的船只所携来的货物，另一次是在六月末，销售从日本运来的商品。这些市集不再像从前那样在澳门港或在岛上举行，而是在省城本身之内举行。由于官员的特别允许，葡萄牙人获准溯河而上至广东省壮丽的省会作两天旅行。在这里，他们必须晚间待在他们的船上，白天允许他们在城内的街上进行贸易。……这种公开市场的时间一般规定为两个月，但常常加以延长。

据他们的记载："广州交易会"每年举行两次，一次从一月开始，另一次从六月开始，每次持续时间为两个月，但因为经常延长，"两次长期的集市要花差不多半年时间"。这与后来的十三行每年两次春秋交易，乃至今天的"广交会"，几乎是一脉相承。

崇祯年间，荷兰殖民者第三任台湾总督彼特·努易兹给巴达维亚总督的信中写道：

> 中国物产是这么丰富，它可以充足地供应全世界某些货物。汉人将全国各地的货物送到易于脱售的城市或港口。例如以前西班牙人对中国或汉人到马尼拉的贸易，商人习惯送商品到三乡岛，后来送到兰巴卡（即香山县浪白滘），葡萄牙人在那里建立基地已14年。然后又送到澳门和广州的

市集，但是商品这么多，葡萄牙人根本买不完。

  从北方或内地来赶集的商人看到商品未售完，以为有利可图，就用自己的船载到马尼拉、暹罗、锡江等地，最后常在海上遭到不幸或损失，特别是遇到海盗，使他们无法继续航行下去。

从"根本买不完"看，可见先期运到浪白澳商品之多，之丰富。

并不是有了澳门，浪白澳就很快衰落下去，失去作用了，其实，浪白澳的市舶司，到了清代也就成为海关，后来，又启用了英国人担任海关税务司的工作，这一海关，一直延续到了民国年间，直到抗日战争才真正消失。现存的浪白澳税务司建筑的外观、内中的摆设，无疑均为欧陆式建筑，美轮美奂，与十三行后期的建筑极其近似。依此，浪白澳市舶司至海关，存在有5个世纪之久，其在南国对外贸易中发挥的作用，决不可以低估。

留足了时间，我们一大早便从香洲出发，一路向西南。

越过了两座"跨门"大桥，穿过了金湾区的北部，我们进入了平沙镇。虽然有的路段尚在修建中，绕来绕去，还是到了西南的海岸边。

开始，我们还是沿岸边走，海水拍击沙滩的声音颇为有节奏，其实，这也是一个小小的海湾，之后不久，我们便进入了南水镇。

从古地图上看，浪白澳就应该在这南水镇的位置上。

一路向南，我们进入了这个半岛的南端，那里有一个飞沙滩国际度假村，一路地名，是沙白石、飞沙、高栏、铁炉等。

最显著的是，在珠海算是较高的山体，海拔418米的观音山了。

但是，问了不少老人，都摇头。

到了高栏，心想，这应该是古图上的高澜，几百年过去，旧地名因发声的变化，成了高栏，依旧同音。而高澜，则是在浪白澳的南边，我们走远了。

时间流逝得太快。

不觉之间，暮云四合，百鸟归巢，海风紧了，我们只好打道回府。

又过了一段时间，几经寻索，我们终于惊喜地发现了一组照片，上面标明为"浪白澳海关"。

那是19与20世纪之交的海关税务司公馆的照片，欧式公馆的格局，外面是连廊，进了小院，则是矮墙，矮墙上只有一排盆景、鲜花及弯曲的虬枝。公馆外墙上还有壁灯。

我猛地想起，在虎门大桥下的横档岛上，有一个几乎一模一样的欧式建筑，被老百姓叫作"官厅"，其实也是税务司公馆。

照片中，有一张是寮棚，人们在忙碌着，似乎在分送什么，与公馆内几位外国人悠闲地喝茶或者饮咖啡不一样，因为是露天，阳光明媚，有显著的亚热带风情气息。

1900年前后，距今也不过100多年。500年前的外舶停靠的遗迹，恐怕不可能找到，但是，100年多前，这种欧式建筑，不会荡然无存，虽说没有横档岛那样保存完整，但总归还留有断壁残墙，如果这也没有了，地基的遗址总归还在，因此，只要找到这税务司遗址的所在，浪白澳的位置也就可以确认了。

四、三寻浪白澳

一兴奋，说走就走。

虽说这两天雨线不断，风也有几分寒意，但我们还是迅速驱车到了南水镇，寻找在上面的山——海中的岛"上"了陆地后，也就自然成为山了，这个判断不会错。

问了不少人，问的都是，这后边的山上有没有什么旧建筑的"残骸"？或者一段断墙，一截地基，一块瓦片什么的。

皇天不负有心人，终于在一条大路边上，问到一位老人，他说，小时候上山捡柴火的时候，就在这片山坡上，见到过一些旧的石墙、地基，碎了的瓦片什么的。总算是我们问准了。

依照他的指引，我们上山了，虽说雨水不小，地上的树枝也把我们的裤脚弄得湿漉漉的，头发也开始滴水了，但我们一直坚持往上攀爬，但凡山坡上出现一小块平地，我们就留心寻找。终于，在半山腰上，我们拨开乱树杂草，看到了一小截断墙，再找，果然还有一些残存的地基，与照片上的公馆面积大致对应。显然，后人不会再在这里建这类官所。

大家在雨中徜徉，让雨水从鼻尖上滴下，仿佛在感受几百年间这个岛……山的沧桑变化，遥想大航海时代最早开到这里的欧洲人的商舶。

显然，我们找到了浪白澳，现在可以谈论它了！

而且，在澳门形成西方贸易集市之后，浪白澳并不曾完全被取代，直到清末、民初，这里仍是一个重要的海关，仍在进行有相当规模的对外贸易，更有图为证。

我们现在可以理出这样一条线索：

浪白澳（含三乡岛乃至横琴岛等珠海属地）—澳门—广州海珠石—十三行。

▲ 1906年浪白澳海关

正是在这个意义上，浪白澳是最早具备近代意义的对外贸易商港。

利玛窦在其《利玛窦中国札记》中，对中西更有明明白白的记录：

> 葡萄牙商人已经奠定了一年举行两次集市的习惯，一次是在一月，展销从印度来的船只所携来的货物，另一次是在六月末，销售从日本运来的商品。这些市集不再像从前那样在澳门港或在岛上举行，而是在省城本身之内举行……这种公开市场的时间一般规定为两个月，但常常加以延长。记述这种每半年一次的市集的原因之一是，它们为福音的信使们深入中国内地提供了最早的、唯一的通道。

与浪白澳同时，珠海的侨墟也渐成规模，目前，尚存的如斗门的侨墟还很多，这也是一个历史的见证。

美国人斯塔夫里阿诺斯的《全球通史》上的文字亦不无参考意义：

> 1577年（应是1557）年，他们（葡萄牙人）又在澳门设立了永久的商业根据地；这时，中国开始直接感受到生气勃勃的新兴欧洲的影响。这些葡萄牙人收购中国的丝织品、木刻品、瓷器、漆器和黄金；同时，作为回报他们又推销东印度群岛的肉豆蔻、丁香和肉豆蔻干皮，帝汶岛的檀香，爪哇岛的药材和染料，以及印度的肉桂、胡椒和生姜。欧洲货物一样也没卷入；原因很简单，它们在中国没有市场。这些葡萄牙人充当着纯粹是亚洲内部的贸易的运货人和中间人。

在这里，我们之所以花这么多的篇幅，去写浪白澳，无论它过去是岛，还是今天是山，它都是解读珠海，乃至中国近代史的一个线头，不，一个纲，提起它，整个珠海的历史就活了，这本书的山也活了。希望有一天，有关部门能让浪白澳重现在世人眼前，展示它近6个世纪的沧桑与风采！

第二章　黑白面将军山

珠海南屏镇，既有都市的繁华，也有古村的静逸，无论是白天的热闹喧嚣，还是夜晚的低吟浅唱，都被两座山峰尽收眼底，它们就是"黑白面将军山"。这里，每一块石头都沁润着英雄守护家园的铮铮热血，每一缕风都吹拂着往昔南屏百姓勇于斗争的回响。这里，既埋藏着宋元海战的硝烟，也彰显着特区建设的荣耀。

南屏，古称沙尾，南宋嘉定年间陆续有人迁来此地居住，多以耕种捕鱼为生，之后聚居成村，后逐渐形成村落。因处于江河流域的尾端，所以叫沙尾村，后改为南屏村，寓意南方之屏障。

相传，古时南屏一带常有风灾、水灾，朝廷官吏的暴政使百姓的生活异常困苦，不得不自发组织起来抗捐抗税，朝廷派出白面将军和黑面将军两兄弟带兵前去镇压。名如其人，白面将军脸色白净清秀，黑面将军脸色黝黑如炭。两兄弟到达南屏之后，探查民间疾苦，向朝廷报告了实情，他们不但没有镇压民众，还带领大家与自然灾害搏斗，带领群众开河改道，筑堤修坝，大力植树造林，得到百姓的爱戴。

然而，两位将军的善举却招来了当地地主豪绅、贪官污吏的记恨，上奏朝廷颠倒黑白，称两位将军割据一方，意图造反。为了避免朝廷误会，兄弟决定自己解除兵权，这激起了南屏百姓的正义感，他们自动组织武装起来保护白、黑两将军。官民大战之时，风魔怒吼，巨浪翻滚，但百姓们无畏无惧，以简陋的武

▲ 北山村

器和官军相搏。两位将军在强敌面前毫无惧色，带领百姓一起抗敌，终因寡不敌众，败下阵来，他们不愿当俘虏受辱，在战场上并肩迎风而立变成了两座大山，人们称之为"白面将军山"和"黑面将军山"。风魔妄想把这两座山吹倒，用尽了力气，结果只在两座山的连接处吹开了一个口子，被后人称为"风门坳"。这两座大山巍然屹立在南屏镇西南部，阻挡住从大海吹来的风浪，从此，南屏人民亦耕亦渔、安居乐业，免受风灾之苦。白面将军山位于今天竹仙洞公园上方，海拔 393.3 米，黑面将军山位于南屏水库上方，海拔 371 米。两座山携手并立，见证了南屏地区的发展变迁。

　　登高北望，山脚下坐落着北山、南屏这两处古村。北山村是珠海唯一的广东省历史文化名村，村庄历史悠久，据传自宋代就有杨姓家族为主体的居民定居本村，可能是杨姓家族在珠海市最早的定居地。村内涌现出众多历史名人，如支持孙中山先生推翻清封建王朝而倾尽家产的杨乃安、"南杨北李"马克思主义传播先驱的杨匏安等。北山村建筑违反中国传统建筑坐北朝南的惯例，所有建筑向北方，象征着杨氏族人身居海角心向国家，体现了北山村文化中爱国家、爱民族的

▲ 南屏村甄贤社学

精神。南屏古称沙尾，于宋嘉定年间建村，至今约800年历史，是广东省传统村落，与北山村分别位于珠海城市快速路珠海大道的北侧和南侧。村内名人众多，最著名的当数被誉为"中国留学生之父"的容闳、新中国体育界第一位世界冠军容国团。抗日战争以来，南屏村一直活跃在红色革命的舞台上，从南屏青年抗日先锋队、南屏青年抗日社训队、广东省青年抗日先锋队中山队部，到正式成立南屏抗日先锋队开展抗日宣传救亡活动，南屏村为抗日战争的胜利做出了不可磨灭的贡献。

两处古村位于黑白面将军山和前山河之间，自建村伊始就受到山体的庇佑，正如山名一样，黑白面将军山，就像两位坚定的将军，用它们宽广的胸膛，为村庄遮风挡雨。它们的存在，让村民们在台风季节里感到安心，在干旱来临时得到润泽。它们的存在，让村庄的生活更加安定，让村民的心灵得到慰藉。

登高东望，在黑白面将军山的怀抱中，竹仙洞公园俨然成为城市中一抹青绿，隔绝了车水马龙的喧嚣，给市区一处空谷幽兰的想象空间。据传，古时有人在黑白面将军山下修炼成仙，并在石上留下一串串脚印，后人便将此地称为"足仙洞",因这里遍植绿竹,改称为"竹仙洞"。据相关资料记载,清同治三年(1864年),南屏北山村人杨云骧解甲归田到竹仙洞隐居,栽培花木,建起人间理想的"世外桃源"。后来,杨云骧的子侄杨镇海、杨镇洪、杨兰皋等人相继在此地完善生活、道路设施,并时常邀请文人雅士前来吟诗作对,题壁刻石,由此留下极为丰富的摩崖石刻供后人欣赏和玩味,也为竹仙洞公园赋予了深厚的人文气息。

竹仙洞公园是一处遮阴蔽日的城市公园,位于该处的竹仙洞水库,更是珠海对澳供水历史渊源的起点。澳门三面环海,但无河流湖泊,可蓄地表水条件差,淡水资源缺乏,又不具备建大中型水库的条件。20世纪50年代以后,澳门社会经济和人口快速发展,用水需求激增,仅仅依靠山塘水与井水为生的方式成为制约澳门发展的瓶颈。1959年,澳门知名人士何贤、马万祺等人,以澳门中华总商会的名义致函广东省人民政府请求援助。经中央批准,位于珠海湾仔的竹仙洞水库作为对澳门供水的重要水利工程正式开工建设,并于1960年3月建成投入使用。

登高南眺,十字门开阔的水域、高耸的现代建筑尽收眼底。十字门史书上称为"井澳",指现在的珠海横琴深井山与澳门之间的水域。700多年前,这片水域由大横琴山、小横琴山、路环、氹仔,画出了十字形水道,故称"十字门"。十字门在历史上具有重要的军事和贸易价值,1277年,宋军与元军曾在十字门水域展开激烈的生死搏斗,史称"十字门海战"。明清时期,十字门是外国商船来华贸易的重要航道和停泊点,中国政府在此设立了十字门汛,负责海上防卫,显示了其作为海防要塞的重要性。如今,历史的烟云都已散去,珠海中心大厦、珠海国际会展中心、华发中演大剧院、喜来登酒店等超千亿级体量的现代建筑群和世界级配套齐聚十字门片区。在黑白面将军山脚下,一个崭新的十字门已呈现在世人面前,它既诉说战争的残酷与艰辛,也展现珠海的实力与信心,就像这座山一样坚韧不拔。

自珠海建市以来,黑白面将军山一直是横琴与香洲之间的天然屏障,随着城市建设步伐的加快，两地之间的交通联系日益紧密，黑白面将军山又进入了人们的视野。2024年4月18日，黑白面将军山隧道全面完工，这一重大进展不仅为珠海与横琴粤澳深度合作区的交通互联互通提供了有力支撑，更为整个粤港澳大湾区的交通网络注入了新的活力。得益于地区交通的全面提升，黑白面将军山北麓的北山村、南屏村，南麓的湾仔片区、十字门会展中心，将实现更快捷的联系，山、海、城、村，彼此守护与交融，共同绘出一幅动人的生活图景。

  站在黑白面将军山之巅，感受那些远古的呼唤，心中不禁涌起一股豪情。它不仅是珠海的一片山，也是一段历史，一种精神，一份传承。它不言不语，静静地守望着珠海，诉说着过往，迎接着未来。

第三章　炮台山

夜幕降临，夏湾路小食街华灯初上，一个个大排档整齐排列，诱人的美食和勤劳的摊主已经准备妥当，不久，工作了一天的人们将会来到这里，吹着来自海边的晚风，和三五知己吐槽这一天遇到什么烦心事，又收获了什么小惊喜。夏湾路，融入了城市的烟火气，也留下人们的喜怒哀乐，成为本地颇有名气的一条街。然而鲜为人知的是，在这条街上，有一处默默无闻的炮台山公园，公园最高处的炮台遗址和巍峨耸立的巨石，隐藏着百年前的风云际会，见证了珠海地区的历史变迁和文化积淀。

炮台山远看好像一只雄狮，原名"狮子山"，距原拱北关闸约1千米，西靠前山河，南对澳门，背倚北岭村，东面原为一片汪洋大海。夏湾的名字与这一带古时的地理特征紧密相关。珠海位于珠江口区域，总体走向为西北至东南，陆上山地、丘陵、台地、平原被纵横交错的水网连接在一起，属典型的三角洲河网区，因而地名多与山水联系，继而衍生出大量与"山""水"相关的取字地名，夏湾位于狮子山下，原名"大澳里"，因地处海湾湾头谷地下部，且下与夏同音，故改名"夏湾"。

沿着夏湾路进入炮台山公园，葱葱郁郁的植物像一张大网将外面的世界隔绝开，内心顿时安静下来。公园内的参天乔木笔直挺立，像在守护炮台山的卫士。拾级而上来到炮台下面的平台，看到文物保护单位的标识牌竖立在此，仔细浏览标识牌上的文字介绍，拉塔石炮台的历史穿过层层云雾，逐渐清晰起来。

拉塔石炮台始建于清乾隆年间，占地面积约 3600 平方米，平面呈扇形，与澳门青洲相望。原有炮眼 17 个，2000 至 3000 斤大炮 7 门。

1840 年 8 月 19 日，英国人悍然对澳门地区的中国驻军发动进攻，葡萄牙政府在澳门为英军提供炮台偷袭关闸地区。在清廷官兵的奋力抵抗之下，英葡殖民者的野心被暂时击破。为加强澳门关闸地区的防务，当时的两广总督林则徐下令在香山县增派 8000 士兵以作防备。清道光二十一年（1841 年），清军从前山营派兵驻守狮子山，修筑炮台，同时负责关闸防汛，历经 4 年的修建，炮台终于修建完工。炮台为钢筋砂浆结构，以一块巨大壁立的拉塔石做地基，方位坐北向南，四面为石砌挡土墙，中间巨石堆叠，分出两个平台到顶部。东南部平台的地面上有两堵当年炮台的弧形垛墙，一段残存约 66 米，另一段残存约 16 米，高 1.3 到 2.3 米不等，厚 1.05 米，有炮眼。清道光二十五年（1845 年），当时的广州府澳门同知满族人吉泰在巨石上题镌"南天柱石"四个大字，寓意祖国大门坚如柱石。

1849 年 8 月 22 日，发生了沈亚米等青年刺杀澳门总督亚马喇事件。

亚玛喇，1803 年出生于葡萄牙里斯本，1821 年，已为上校的亚玛喇随皇家海军舰队到巴西参加殖民战争，战争中亚玛喇被大炮击中，其后在不用麻醉的情况下被截肢而失去了右臂。截肢后，他掷开右臂并高呼："葡萄牙万岁！"葡萄牙人因此称他为"独臂将军"。1846 年，亚玛喇任澳门总督后，强行取消中国在澳门的海关征税，占领望厦村。1849 年 3 月，他派兵拆除中国海关，摧毁中国驻澳门衙门海关和税口，驱逐驻澳官员。亚玛喇还经常策马于龙田、望厦等村落打鸟取乐，践踏村民庄稼，沈亚米的菜地经常遭踩蹋。

鸦片战争后，葡人为扩展势力，在澳门进一步霸占沿界的土地，开辟道路，强令龙田村一带的居民迁坟，从者给洋银二两四钱，否则弃骸骨于海中。龙田村（今澳门三盏灯一带）沈亚米家的祖坟亦遭平毁。在如此压迫下，村民对亚玛喇恨之入骨，沈亚米与郭金堂、李保、郭洪、张先、周一玉、陈发等青年组织了一支"沈亚米义士军"，计划惩杀亚马喇，为村民伸张正义。

1849年8月22日，当亚玛喇又到关闸附近打鸟时，沈亚米与郭金堂等六义士将其刺毙。澳门葡萄牙当局借机挑起战争，攻打拉塔石炮台。英、法、美等国乘势向两广总督提出抗议，英国还派出军舰到澳门示威。

1849年8月25日，葡澳当局派出一支由25名士兵组成的小分队，携带野战炮占领澳门关闸。驻守炮台的清廷守军向关闸开炮还击，最终未能抵抗住洋枪利炮，这座当初为抵御外国侵略势力而修建的炮台就此失守。清政府迫于列强压力，派兵于9月12日在顺德将沈亚米和郭金堂抓捕。沈亚米慷慨陈词："独臂于亮，非有门户之仇也。只因其毁海关，掳弁兵，残害百姓，祸及枯骨，辱我朝廷，残我邻里，亮激于义愤，故不如手刃之以弭祸端。"9月15日，沈亚米被秘密杀害于前山鹿仔山下，郭金堂遭戍边塞。

在此后的40余年中，炮台几度经历战火的洗礼。1890年，当时的广州府前山海防军民同知蔡国桢面对葡萄牙人向前山、湾仔、横琴等地的扩张及军事挑衅，不畏强暴，毅然领兵收复了炮台，同时加筑围墙，加强了对陆地、水域的布防，并在巨石上题刻"凤山锁钥"四个大字，意味着这是守卫祖国南大门的金锁匙。

这段历史让拉塔石炮台载入史册，让曾经轰鸣的炮声至今响彻耳畔，也让炮台山公园成为一个有故事的公园。

在拉塔石上题字的澳门同知、前山海防军民同知引起了大家的好奇，这是两个什么样的职位？分别承担着什么样的职责呢？原来，明清时期的香山，四面环海，界连六县，海防职责重大，当时香山的官员设置，也充分考虑到了海防需要。香山知县、香山县丞和澳门同知是明清时期管治澳门的三位实际负责官员，自明代葡人占据澳门以后，香山知县作为守土之官，被授予管治澳门的权力。澳门作为明清时期广东沿海地位仅次于虎门的海疆要地，使香山知县日益显现其职位的重要性。香山县丞这一职位的设置则始于明代，在清康熙四十三年（1704

拉塔石炮台

年）一度裁缺，直到雍正八年（1730年）又给予恢复。乾隆九年（1744年），清朝廷设广州府海防军民同知，通称"澳门同知"。在巨石上题字的澳门同知吉泰、前山海防军民同知蔡国桢，均反映了当时管辖澳门的官员设置制度。

炮台山上还有一座创建于光绪十三年（1887年）的海关关楼，钢筋水泥结构，初址在澳门的风顺堂附近，后迁至狮子山，还曾作为拱北关陆路缉私总部。在清末至民国的半个多世纪里，拉塔石炮台曾是边防军事重镇，现在作为文物保护单位得到妥善管养和维护，原海关办公楼活化利用为珠海海防展厅。

登临拉塔石炮台，触摸巨石粗粝的表面，犹如触摸百余年前风雨飘摇的夏湾往事。"凤山锁钥""南天柱石"八个遒劲有力的大字，历经百年海风的吹拂，早已和坚硬的岩石融为一体，成为历史的印记。炮台山已褪下海防要塞的重任，奇崛巍峨的炮台迎来从军事防御到文化传承的新生，将一直矗立在炮台山上，俯瞰珠澳两地，守护这一方水土的安宁与繁荣。

第四章　狮山

　　狮山，一个充满传奇色彩的地方。在它脚下，发生于 1925 年的香洲兵变，直到今日依然令讲述者血脉偾张，令聆听者胆战心惊。在它脚下，民间依然流传着狮子和野狸之间惊心动魄的打斗故事，流传着隔海相望的狮山和野狸山共同守护香洲开埠这段历史的佳话。

▲ 香洲埠历史文化街区

香洲兵变，是大革命时期发生在珠海地区的一次反革命势力袭击革命武装的事变。1924年初，第一次国共合作正式建立。孙中山根据中国共产党的提议，扩展革命武装，训练新型军队。同年9月，建国粤军第二师参谋长叶剑英受命到香山县操练新兵，并选择依山傍海的香洲为练兵场，率领一批军事、政治骨干，从粤西一带招募新兵，成立独立营。独立营由叶剑英兼任营长，下辖8个连队，有900多名士兵。1925年春夏间，叶剑英奔忙于东征前线与香洲之间。4月26日，叛乱者在蓄谋已久后突然发难，25名革命军骨干被当场杀害，2人重伤不治身亡。4月27日，叶剑英闻讯从广州赶回香洲，组织军民收殓烈士遗体，将27位烈士的遗体安葬于香洲狮山脚下。由叶剑英发起，香洲民众90多人组织成立崇义社狮山保管委员会，筹集资金兴建狮山烈士墓。10月3日，由叶剑英亲自设计规划的狮山烈士墓建成，应香洲民众邀请，叶剑英从前线赶到香洲，为死难烈士主持公祭。新编团和香洲群众600多人参加了追悼会。其间，叶剑英悲愤书写《赍志亭记》和填写《香洲烈士·调寄满江红》。烈士的鲜血洒在狮山的草木间，烈士的忠骨埋在狮山的泥土里，从此狮山不再孤独，狮山有了属于自己的红色故事。

狮山距离情侣路海岸线仅1千米，与海中的野狸岛东西相望。野狸岛是距离珠海最近的岛屿，岛上大部分土地被50多米高的野狸山覆盖。有一个传说至今被老百姓津津乐道：相传很久以前，离狮山不远的香山场（今珠海山场村）有个孝子在父亲去世后，将其埋葬在海边。竟有一头狮子和一只野狸，为了抢夺肉祭品而激烈厮打，当这件离奇的事情传到山场村，村民们为了地方安宁，将两条凿有符咒的石柱竖在坟墓两侧，一条朝东，一条向西，从此，两只野兽再也不到墓前来争吃了。若干年后，人们都说狮子已经化作一座小山伏在番塔山麓，野狸化作另一座山横卧在海面，与狮子隔岸对峙，人们把这两座山叫作"狮山"和"野狸山"。

在这两座山之间，是今日珠海香洲老城区所在的位置。19世纪40年代开始，这一带脱海成陆，成为附近村庄采天然生蚝的新去处，当时人们将这片陆地

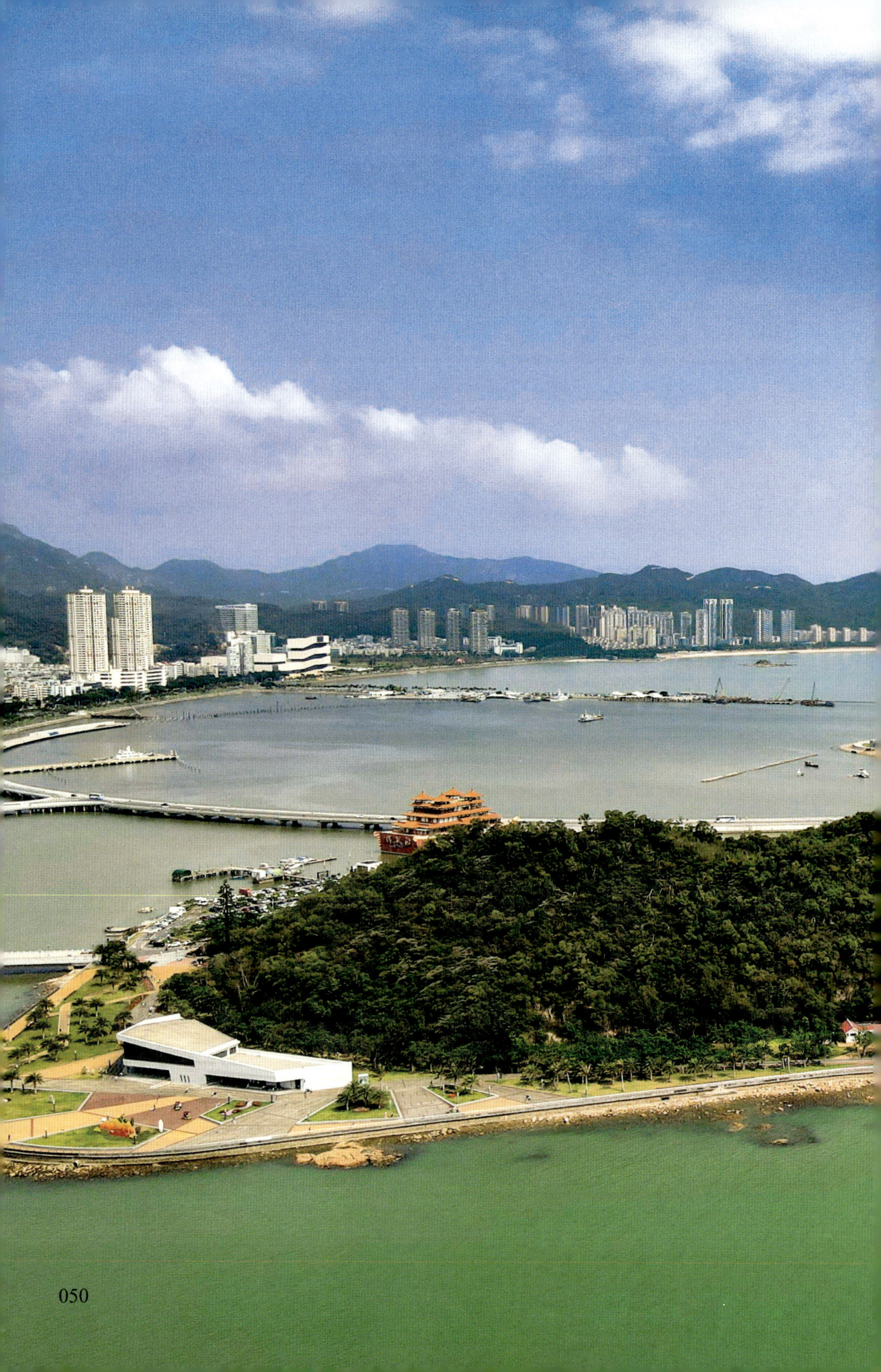

▲ 航拍珠海海上野狸岛

称为"沙滩环"（也称"九洲环"）。

1908年，在振兴实业、抵制葡澳的背景下，王诜、伍于政等有志之士筹划在临近澳门的地方开辟商埠，因最终的选址在香山县境内，又靠近九洲环，故取名"香洲埠"。1909年4月22日，香洲埠举行了隆重的开埠典礼，开埠之初一派欣欣向荣，发展迅速，成为晚清中国的经济亮点。1911年4月，虽然被清政府批准为无税口岸，但"免税"政策并没有得到彻底执行，投资者纷纷转移资金陆续离开。1911年7月，祸从天降，香洲埠突发异常火灾，大火持续燃烧6个小时，大部分商铺化为灰烬，受此一击，香洲埠元气大伤。香洲埠再也未能力挽狂澜，最终还是退出了人们的视线。

20世纪50年代以来，香洲埠一带始终是香洲的中心，香洲也成为珠海现代城市建设的起始地。站在狮山顶上俯瞰脚下这片土地，能看到香埠路、先烈路、朝阳路等传统街巷，其方格网状的街道格局和舒适宜人的街道尺度，仍承袭了百年前香洲开埠鼎盛时期的建设成就。如果仔细观察，还能看到在朝阳路上的两棵大榕树，这里也被老珠海人称为"榕树头"。当珠海还是一个渔村时，榕树头是当地群众的渔农市集，渔民上岸补淡水的地方。珠海建市时，珠海市第一盏路口信号灯就是在榕树头这个路口安装启用，第一条城市道路凤凰路，也是从榕树头经过，这里见证了珠海香洲的发展建设历史，承载着老香洲人的集体记忆。

从狮山远眺野狸山，能看到海岸边高大的大王椰、宽阔的草坪和情侣路上休闲的游客。时光倒回至1954年，珠海县第一届人民代表大会第一次会议上，代表们提出"关于在万山、东澳、高栏等地建立台风警报站和在后环、外伶仃等地修筑船只避风塘"的提案。不到一年的时间就在香洲、湾仔、唐家及部分海岛建好了渔船避风塘和台风警报站。1957年，香洲渔港开始动工。1959年完成时，筑造了一条600米长的防波堤和一个长达150米的渔用码头，"可供避风面积1000万平方米，可停泊渔船2000余艘"。

在情侣路上漫步的游人，放风筝的孩子，怎能想到这里曾是香洲船厂和香洲船排厂。往昔钢铁的碰撞、机器的轰鸣，全都随着海浪隐入大海，只有狮山目睹

▲ 珠海情侣公路

了这一切。

　　狮山脚下信步而来，会与几处石头房不期而遇。在这不起眼的石头房里，却也埋藏着一段激情年代的故事。20世纪50年代以前，我国境内打鱼和航运的人们被称作"蛋民"，他们以水为生、捕鱼为业，长年累月浮于海上，社会地位很低，生活艰辛，在政治上受歧视，在经济上受剥削。中华人民共和国成立后，在党和政府的关怀下，蛋民结束了没有政治和经济地位的苦难生活，称呼上也有了改变，在珠江口与香港、澳门之间劳作生活的蛋民被称作"香港、澳门流动渔民"，居住在陆地上从事耕种的蛋民被称为农民。1953年，港澳渔民可以到珠海、深圳、惠州、汕尾、阳江、台山入户，拥有双重户籍，自由往返港澳和广东、海南岛等沿海地区进行生产生活。珠海是广东省流动渔船和港澳流动渔民最多的城市，2021年仍有港澳流动渔船1043艘，在册港澳流动渔民4254人，入会在香洲、湾仔、万山、桂山、担杆五个港澳流动渔民协会。

20世纪60年代初，响应毛主席"备战备荒为人民"的号召，珠海发动对"农渔民茅房"大规模改造。众多港澳热心同胞也积极投资参与到农渔新村的建设。李洪和布梅带头并发动港澳流动渔民捐资兴建香洲流动渔民会堂、珠海县渔民医院、香洲渔民小学、香洲渔民中学、香洲海景大厦等，也参与了20世纪50—60年代的新渔村样板工程建设，朝阳路两侧的石屋即为当时所建。

香埠路上，酒店、餐厅、大排档、咖啡厅鳞次栉比，入夜后狮山被笼罩在夜色中，原本翠绿的山坡此时呈现出厚重的墨绿，远望去像是安详的巨人。人们喝着啤酒，看街灯摇曳，听歌声婉转，全然不知身处的这片土地曾经发生过如此多轰轰烈烈的往事，可是狮山一直在这里，看香洲开埠大起大落，看榕树头人头攒动。狮山是老香洲发展的见证者，也将会一如既往地守护这片充满激情的土地。

第五章　三灶岛

　　飞机缓缓降落珠海金湾机场，夜幕下沉静的海面拥抱着三灶岛。从高空俯瞰，岛上灯火辉煌，如同无数闪烁的星光，照亮了夜空，也照亮了三灶岛清晰的轮廓。辽阔无垠的大海在夜色中显得格外宁静，海浪有节奏地拍打着沙滩，远处的海上，经过的货轮偶尔鸣响着汽笛。岛上的四座主要山体拦浪山、茅田山、观音山、黄竹山，此时被笼罩在夜色中，收起白天的喧哗和热情，在静静等待归来的游子和疲惫的旅人。金湾机场的独特之处在于它建在一座名叫"三灶"的岛上，而三灶岛的独特，在于这里有很多不为人知的往事与近事，这些故事和风景，在群山覆盖的每一寸土地里，在山脚下的村庄里。

　　三灶岛位于珠海市西南部，地处磨刀门和鸡啼门之间，古时为伶仃洋上众多岛屿中的一处。岛上虽荒无人烟，然而海上往来的渔民却常登岛垒灶做饭。时间久了，渔民们发现岛岸附近有一块大小适合的凹形石，由于长期遭受海水侵袭，凹形石上形成了三个凹口，渔民们认为这里既方便取水，又能免去垒灶的辛苦，就纷纷聚集在此生火做饭。于是一传十，十传百，"三灶"的名字就流传开来了。

　　其实，在三灶岛形成之前，已经有了拦浪山、茅田山，根据民国《香山乡土志》的记载，由大宁山、大环山、碧青山共同组成三灶岛。大宁山即拦浪山，碧青山即茅田山，而大环山即今日的黄竹山和观音山，这四座山的山体均为花岗岩，坚硬无比，经得住岁月的洗礼。早在人类登上这座岛之前，拦浪山、茅田山、大环山就在海洋上耸立，千百年来，甚至更久远之前，它们是海上孤独的小岛，在大自然沧海桑田的神奇伟力之下，连岛成陆，形成面积稍大的三灶岛，随着城市建设，大环山在开山后被分为黄竹山和观音山，形成现三灶的地貌特征。村里的原住民对这些大山无比依恋，认为是山体守护着三灶岛，庇佑岛上居民子子孙孙平安无恙。

三灶岛背靠大陆，面向南海，本可以成为一处世外桃源，却在抗日战争中承受了深重的苦难，留下三灶岛人的血与泪，还有英勇反抗的斗争故事。

1937年8月至1940年3月，日军侵占珠海地域各大海岛，秘密在三灶岛建造机场，为攻占广州和空袭广东做前期准备。三灶岛是当时万山群岛中的第一大岛，岛上土地肥沃、水源充足，主要种植水稻、甘蔗、花生、蔬菜等。当时，日本在华南并没有航空基地，需要在台湾和航空母舰上起飞，所以，急于在南方建一个机场，方便其开展交通遮蔽战，截断经华南地区流入的国外对华物资援助。

1937年11月28日，300余日军于三灶岛海澄麻步头登陆，洗劫田心村等村庄7个多小时后方才离去。同年12月4日，占据高栏岛的日军抽调400余兵力，借口"上岛演习"，在三灶岛莲塘湾再次登陆，烧杀抢掠24天后撤离，岛上茅田、六灶、榄坑、草堂、圣堂、鱼弄、月堂等村无一幸免。

1938年1月17日，侵华日军6000多人在三灶岛莲塘湾登陆，封锁海岸线，派出200余人闯入春园乡一带。其后，日军在岛上修建码头，修筑军用机场，全面占据三灶岛，至1945年8月15日日军投降止，长达7年多时间。为了尽快建好机场，日军除了逼迫当地居民做劳工，还从东南沿海、台湾、东北，乃至朝鲜分批运来3000多名劳工，不分昼夜为其工作。

1938年8月前后，日军机场建成，包括飞机库、导航塔、碉堡、弹药库、跑道和停机坪。到9月末，活动于中国华南的日本海军航空部队除了原有的高雄基地和航空母舰"加贺号"，又增加了一个更具杀伤力的平台——"三灶航空基地"。

日军入侵三灶岛后，为保护机场安全，实施禁海政策，烧毁海边各村的渔船，不准渔民下海捕鱼。日军派遣的舰艇在海上巡逻，截获船只都被烧毁，人员被杀害。日军的残暴统治，遭到三灶人民的反抗，1938年2月，时任中山第七区公安局局长的蔡栋材发起并组建了第七区社训大队，多次开展武装反抗。

1938年4月11日，三灶横石基村民吴发，时为社训队队副，凌晨率领队员34人，分乘扒艇两艘，潜向三灶岛定家湾村日军哨所（《三灶1938》记载该哨所位于定家湾盘古庙），杀死驻守日军11名。之后中山及省港各大报纸，均以头条新闻报道此次歼敌战绩，大大激发了全省民众抗日救国的热情。作为报复，岛上日军在三灶实行焦土政策，1938年4月12日至14日，日本侵略军连续3天血洗三灶岛，屠杀岛上居民2000多人。

1948年，村民收集大屠杀遇害者遗骨集中在茅田村埋葬，建立公墓"万人坟"，记录日本帝国主义在三灶惨绝人寰的行径。

1979年，该坟迁至大树林山南坡，重修坟墓、纪念碑和牌坊，并在牌坊上镌刻对联"日伪凶狂血洒人间千古恨，中华抗暴气贯河山万古存"，横批为"悲恨长天"。

在鱼弄村，有一座"千人坟"，是1938年日本侵略军杀害鱼弄村民的墓葬，1949年由该村华侨和港澳同胞集资修建。纪念碑题写"三灶抗敌殉难人民之墓"，两侧写着"杀身成仁""舍生取义"，落款"民国三十八年季夏"。墓前4根墓表，分别铭文"精神不死""浩气长存""舍生取义永垂不朽""鞠躬尽瘁视死如归"。在纪念碑下方嵌着一块端州石碑，碑文由当年鱼弄乡乡长廖玉池撰写，记录当年日军残害鱼弄村村民的暴行。

为了彻底"日本化"，1939年到1941年期间，日军分批从冲绳县迁移约90户、400人日本人在三灶岛落户。在春花园村、正表村开设日语学校实行奴化教育。除了将三灶改名为"小长崎"，还将岛上的村庄悉数改名，如上表村改为"长门村"，莲塘村改为"伊势村"，田心村改为"宫藤村"，茅田村改为"大和村"，正表村改为"木场村"，英表村改为"那支村"，三灶东面的轿顶山更名为"腾田山"。

1938年，侵华日军登陆三灶岛后，在岛上设立慰安所，从朝鲜、中国台湾及东南亚等地掳掠来妇女做慰安妇，至今岛上还保留着侵华日军慰安所遗迹。

1945年8月15日，日本宣布无条件投降，日军撤离三灶岛前，投放炸弹炸毁机场，留下弹坑共计约2426个。集中分布在三灶岛的日本神社、炮楼、碉堡、弹药库、指挥所、慰安所等日军侵华遗存，为历史提供了不容篡改的有力证据，它们记录着人类历史罪行，是人类文明的创伤。

正因为经历过战争的创伤，三灶岛的村民们更加珍惜和平，热爱生活。茅田村、草堂村、正表村等村庄，得益于山海的馈赠，村民们既收获了山中矿泉水、花岗岩、香樟树、野山猪、野山鸡等丰富的资源，又从海中捕捞跳跳鱼、凤尾鱼、海鳝、沙蚬、生蚝等鱼类，长久以来既从事山地种植，又忙碌于渔业养殖，形成了丰富多样的非物质文化遗产，如"花袖""三灶鹤歌舞""三灶民歌""三灶编织"等反映生产生活的传统技艺、民俗习惯。这些习俗里蕴含着生产的智慧、生活的热爱，未来的期盼，成为三灶岛的一种特色文化。

改革开放初期，珠海"无机场、无港口、无铁路"，与经济特区的地位毫不匹配，成为制约经济社会发展的主要因素。1992年5月，"珠海市兴建现代化机场"计划获得国家批准，1992年12月1日，利用原日军修建的军用机场，珠海机场建设拉开序幕。

1995年5月30日，珠海机场建成通航。从国家正式批复，到建成通航，仅用了2年零3个月的时间，完成了一个通常要6年才能建好的大型机场。按照设计，珠海机场按照国内最高4E级标准来修建、设置4000米长的机场跑道，是当时国内最大的机场之一。

1996年11月5日至10日，第一届中国国际航空航天博览会在珠海机场举行，经过20多年的发展，2022年的第十四届中国国际航空航天博览会，已汇聚一大批"高精尖新"产品、技术、服务和成果，实现了"陆海空天电网"六位一体系统化、全维度覆盖，展现了中国在航空、航天和国防科技领域取得的辉煌成就。

  飞机起飞的时刻,是旅程开始的时候;飞机降落的地方,是梦想扎根的地方。2023年11月,首届亚洲通用航空展在三灶岛盛大开幕,与中国国际航空航天博览会一起翱翔天际。两场世界级的蓝天盛会成为珠海全新的城市名片,也让"三灶"的名字传播到世界。在这片山海相拥的土地上,既有日新月异的城市建设,也有可持续发展的生态保护,更有焕发生机的传统文化,三灶岛正以其独特的魅力接受来自各方的注目。

第六章　大万山岛

从香洲港一路向东南方向航行，海水逐渐湛蓝，天高云淡的海面上，一座海拔最高的山峰兀自矗立，在它周围，星罗棋布着大大小小的岛屿，它们像撒落在这片海域的珍珠，共同组成位于珠江口的"万山群岛"。清同治十二年（1873年），《香山县志》曾记载"珠江口外最高者为老万山"，指的便是主峰海拔436米的大万山岛。

大万山岛面积约8.1平方千米，后来，为与其他岛屿区分，由老万山岛改名为"大万山岛"。岛上有五座山峰，其中最高的为大万顶，山顶呈圆锥形，常年被云雾笼罩，使大万山岛有如海上蓬莱仙岛，神秘而令人向往。

走在有着"亚洲第一湾之称"的万山岛浮石湾，脚下是无数个大小不一，形态迥异的卵石，正如世上没有两片树叶是相同的，在这里，没有两个石头是一样的。但相同的是，卵石们热闹地聚集在一起，好像等待出征的士兵，在海浪的拍击下心情激荡，每一个石头，都想尽快投入大海的怀抱，去激起属于自己的浪花。

万山岛最有名的建筑当属天后宫，最值得体验的当属非物质文化遗产代表性项目天后诞，妈祖有"顺济夫人""天妃""天后"等封号，对妈祖的祭拜已成为中华文明的组成部分。从码头登岛后沿着蜿蜒的公路一路向上，不多时便可寻到天后宫，它非常低调地与周边的民居互相依存，依山而建，在半山腰俯瞰蓝色的海湾。天后宫前庭广场两边的墙壁做了彩绘装饰，朵朵白云下，碧蓝的海面

▲ 万山岛一角

上,妈祖自诞生到成仙的过程——呈现在人们的眼前,栩栩如生的画面拉近了普通人和妈祖的距离,身处海岛更能体会到历代渔民对妈祖的情感。

大万山岛居民于明代从澳门妈阁庙分香火到西澳湾建庙拜祭,清道光乙巳年(1845年)将妈祖庙重建为天后宫。此后100多年,大万山岛天后宫的香火陆陆续续向珠江口海面上的海岛及沿岸城市扩散,在小万山岛、桂山岛、白沥岛、东澳岛、香港长洲等海岛都有妈祖庙或天后庙。自明清时期开始,大万山岛每年农历三月二十三都会举办天后诞庆典,影响力辐射至香港、澳门及周边城市,因此周边海岛居民都把大万山岛的天后诞视为"正诞",每年相约同来参加庆典,巡游、舞龙、摆长宴、点鞭炮,已成为每年规模宏大的海岛风俗和盛典。

万山渔港背靠高山,周围海域是全国六大渔场之一,登上大万顶,看见一艘艘渔船陆续返回西澳湾,五彩斑斓的船身散发着收获的喜悦,让人不禁感慨万山渔场历史上的辉煌,20世纪60—70年代,万山渔港创造了全国单网起鱼1200担的最高纪录,在渔业人口、渔船吨位和机器马力平均产量三项指标上,均创造了全国海洋渔业的高产纪录，"农业学大寨，渔业学万山"的口号在当时响彻全国。

沿着海湾漫步，不时和背着海钓装备的游人擦肩而过。作为我国知名渔场，万山群岛所处的海域位于寒暖流交汇处，海水咸度、水深和水温等自然条件适宜发展渔业，分布有经济价值鱼类200多种，保留着完整的岛礁和生物资源，吸引了众多的鱼群在此生息繁衍，富饶的渔业资源孕育出深厚的海洋渔猎文化，每年吸引众多海钓爱好者来此"论钓"。已有20余年历史的"万山群岛海钓公开赛"是全球规模最大的矶钓赛事之一，也是享誉中国海钓界的顶级盛会，每年吸引众多海钓爱好者和职业选手前来参与。

踏上大万山岛是在秋日怡人的11月，"2023—2024万山群岛国际海钓公开赛"即将在11月底开赛，醒目的招牌在海风的吹拂下飘荡在海岛上空，仿佛一位田径健将，向辉煌的过去挥手致敬的同时，接过传统渔业传递的接力棒，向海钓休闲旅游的方向奋力奔跑。

大万山岛最有名的美食肯定是各种海鲜，而生晒海味，已成为这座海岛的另一张旅游名片。由于靠近珠江口，咸淡水在这里交汇，附近水产极为丰饶，海鲜格外的干净、肥美，在万山群岛的7个村落中，大万山岛的万山村是唯一一个将全人工晾晒技术保留下来的村落，万山晒渔场现在不仅是一处生产场地，还成了火爆的打卡点。如果你路过这里，会看到渔民们将大量处理干净的新鲜鱼虾在太阳下铺设开来，整齐码放，等待光照和海风将原始的海产品变成味道鲜甜的海味干货。不需要复杂的烹饪，也不需要各种佐料的加持，十分钟清蒸便能将生晒海鲜中的美味彻底释放。

大万山岛最潮打卡点非"风暴角"莫属。风暴角位于大万山岛的西南角，你可以登上山峰从高处俯瞰，也可以从天后宫前的小路蜿蜒而行，近距离观赏风暴角的雄奇伟力，当然，这里还是目前国内较为罕见的海岛攀岩场。站在山顶，往西南方向远眺，你可以看见一块巨大的离岸礁石，大约500米长、15米高的垂直岩壁有如一座孤独的城堡，挺拔，孤傲，无声无息，日复一日地经受海浪的拍击，在阳光下泛着金黄色的光泽。

黄昏已至，漫步于沿海的环岛路上，不远处几只海鸟在海面上盘旋，发出清脆的鸣叫，像是在呼唤离家的孩子归巢。海浪也褪去白天的浮躁，轻轻拍打着海岸，逐渐归于夜晚的宁静。来大万山岛吧，共同守候日落的霞光，赴一场来自山海的邀约。

▲ 万山岛上的小路

第七章 桂山岛

在还未登上桂山岛时，我对"桂山"这个名字充满美好的想象，以为岛上遍种桂花树，满山飘散着桂花的清香，所以叫"桂山岛"。

令我错愕的是，桂山岛原名"垃圾尾"，后因纪念乘"桂山号"军舰参加解放万山群岛战役而牺牲的解放军烈士而改名为桂山岛。原来这座岛的名字是由烈士的鲜血铸成的，这令我对桂山岛有了一层敬意和向往。

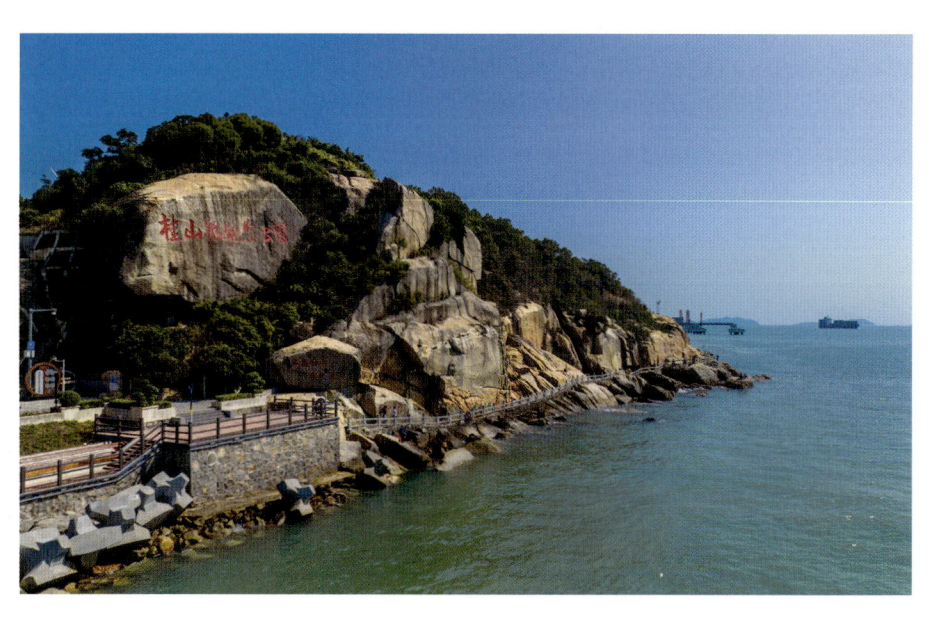

▲ 桂山号英雄登陆点遗址

登上桂山岛的那天海上的风浪逐渐加大，沿着岛边缘往桂山村的半山腰走去，就是桂山舰烈士陵园。穿行在沿海湾而建的栈道上，一转弯，抬头便看见"桂山号英雄登陆点"几个朱红大字刻在一面石壁上。当年那场发生在万山海面上的激烈战斗，仿佛借助海浪又呈现在我们面前。1950年5月25日，人民解放军桂山号等军舰向盘踞在珠江口万山群岛的国民党残敌发动进攻，战斗中，中弹着火的桂山号在垃圾尾岛吊藤湾抢滩登陆，强占阵地，与国民党陆战团展开生死搏斗，因敌我力量悬殊，经过半天的激战，桂山号大部分同志都壮烈牺牲，可是他们为解放万山群岛战役的胜利奠定了基础。经过71天的战斗，大小万山、外伶仃岛、担杆列岛等45座岛屿全部解放，国民党"依托万山群岛、封锁珠江口、策应内地、反攻大陆"的美梦被彻底粉碎。

桂山号英雄登陆点所在的吊藤湾位于桂山岛西南面，依山傍海，乱石嶙峋。站在栈道上，海浪激烈地拍打着岸边的石块，仿佛在大声告诉我们，当年万山群岛的解放，打破了国民党军对珠江口的海上封锁，对于巩固华南海防、保证海上渔业生产和交通运输安全具有重要意义。当时战斗的激烈，海上弥漫的硝烟，如今仍由奔腾的浪花向到访的人们诉说着。

都说灯塔是一座海岛的灵魂，桂山灯塔便是桂山岛的灵魂。它耸立在山顶，自1953年建成以来，经年注视着来往于珠江口桂山岛航道的船只，白天，白色圆柱形的塔身在阳光下散发着柔和的光芒，是桂山岛的标志，是游客最想一睹芳容的打卡点。夜晚，当远来的船舶航行在茫茫的海上，作为船舶进出珠江口的重要导航标志，桂山灯塔的光亮曾带领它们安全穿过万山海域，驶向目的地。

今天，桂山灯塔已不再作为导航标志，因为它有了新的使命。灯塔所在的区域建成了灯塔公园，山脚下的入口处有鲜明的标志，进来后可以看到对世界各地海上灯塔的介绍。从中我们还可以了解到，2006年5月22日，国家邮政局发行了1套4枚的《现代灯塔》特种邮票，其中"桂山灯塔"位列其中，还有3枚邮票分别是：大沽灯塔、吴淞口灯塔、木栏头灯塔。大沽灯塔位于渤海、天津港航道外端，是我国自行设计、自行建造的第一座海上大型灯塔；吴淞口灯塔位于黄

▲ 桂山岛灯塔

浦江吴淞口，是上海港的标志性建筑；木栏头灯塔位于琼州海峡东口，是目前中国海岛最高的灯塔。

沿着上山小路的台阶拾级而上，景色随高度、视角变化不停地转换，爬上灯塔所在的山顶，整个岛的景色尽收眼底，开阔的洋面，停泊的渔船，还有不远处掩映在山腰处的天后宫。天后在万山海域及周边地区拥有极高的文化地位。桂山岛的天后庙至今已有两三百年的历史，是万山群岛现存规模最大，保留最完整的妈祖庙之一。每年农历三月二十三，是天后宝诞祭奠的日子，各地信众们纷纷前来祭拜庆贺，其间有舞狮、奉献烧猪、天后巡游、百桌盛宴等丰富的活动。

"今年的天后诞你们一定要来参加，活动很丰富。"一位岛上的老人家为我们充当起讲解员，"有舞狮、奉献烧猪、祭祀仪式、天后巡游、百桌宴，巡游不仅在岛上，还会沿着海湾在海里巡游，别处没有的，一年更比一年热闹。"老人家是桂山岛的原住民，他说自己经常上山，一是锻炼身体，二来到妈祖庙这里和老朋友聊天，给妈祖诉说心事，对岛外的世界也很熟悉，但还是觉得在岛上的一

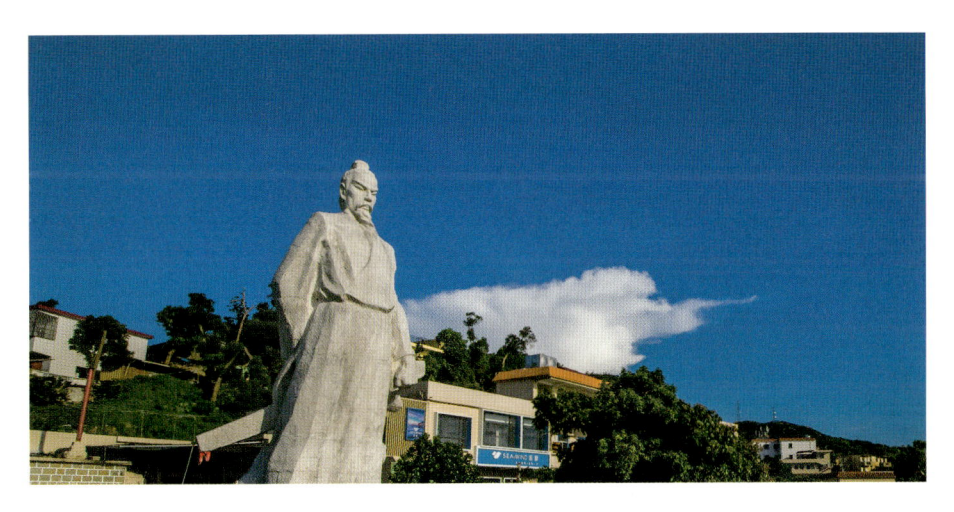

▲ 文天祥雕像

天更充实。

　　是啊,大海风云变幻,有时低语,有时怒号,路过这片海的人,又会是什么样的心情呢?宋元之际,文天祥在抗元战争中被捕,1279年一个凛冽海风中的清晨,文天祥被元军押往崖山,路过伶仃洋。伶仃洋是孤独的,是破碎的,文天祥是无奈的,是悲愤的。当元军将领张弘范胁迫他写信劝降此时正在海上与元军激战的张世杰,文天祥紧绷的情绪和压抑的愤怒需要一个出口,这出口便是流传后世的《过零丁洋》:"辛苦遭逢起一经,干戈寥落四周星。山河破碎风飘絮,身世浮沉雨打萍。惶恐滩头说惶恐,零丁洋里叹零丁。人生自古谁无死,留取丹心照汗青。"留下绝唱的伶仃洋,是我眼前的这片海。浓厚的悲情色彩,激昂的爱国情感,蕴含在每一朵浪花里,激励了后世众多为理想而奋斗的仁人志士。

　　《过零丁洋》在万山群岛上传唱,继而成为体现中华民族气节的代表文字,也使默默无闻的伶仃洋为世人所瞩目。文天祥雕像在桂山岛的文天祥广场凭海而立,挺拔如松,他目光如炬地凝视着大海,也让人思索这方海域数百年的变幻风云。

　　桂山岛的每一块石头,每一个海湾,都埋藏着一份感动,从桂山号军舰的英

珠海万山区桂山村航拍全景图

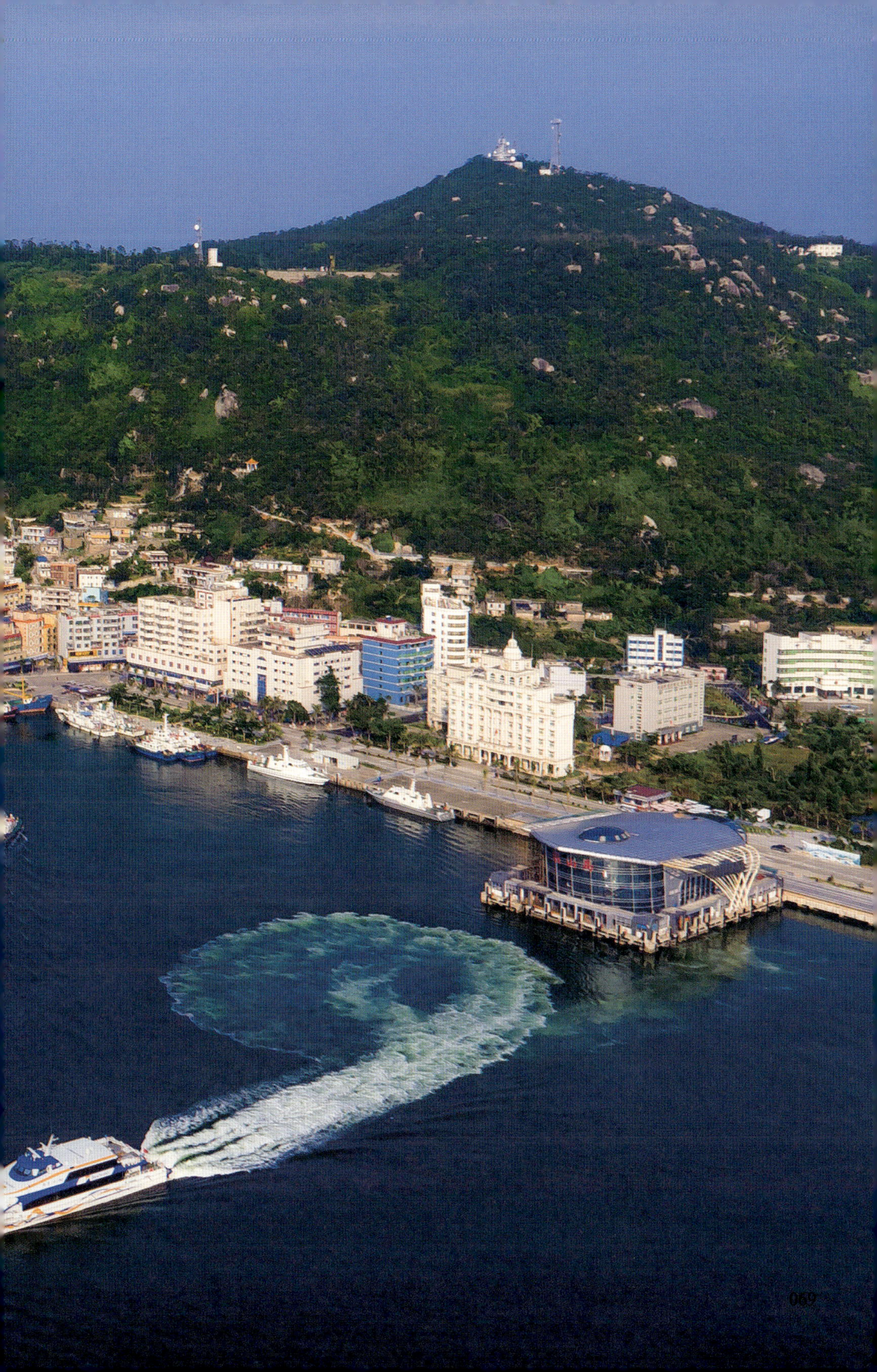

勇登陆到桂山灯塔的守望，从妈祖庙的香烟袅袅到文天祥文化广场的沉思，每一个角落都充满了令人肃然起敬的历史气息。而环岛路上的每一步，依山而建的每一处民宿，又让人沉醉于山海之间的自然畅想之中，体验着与世隔绝的宁静和纯粹。

美学篇

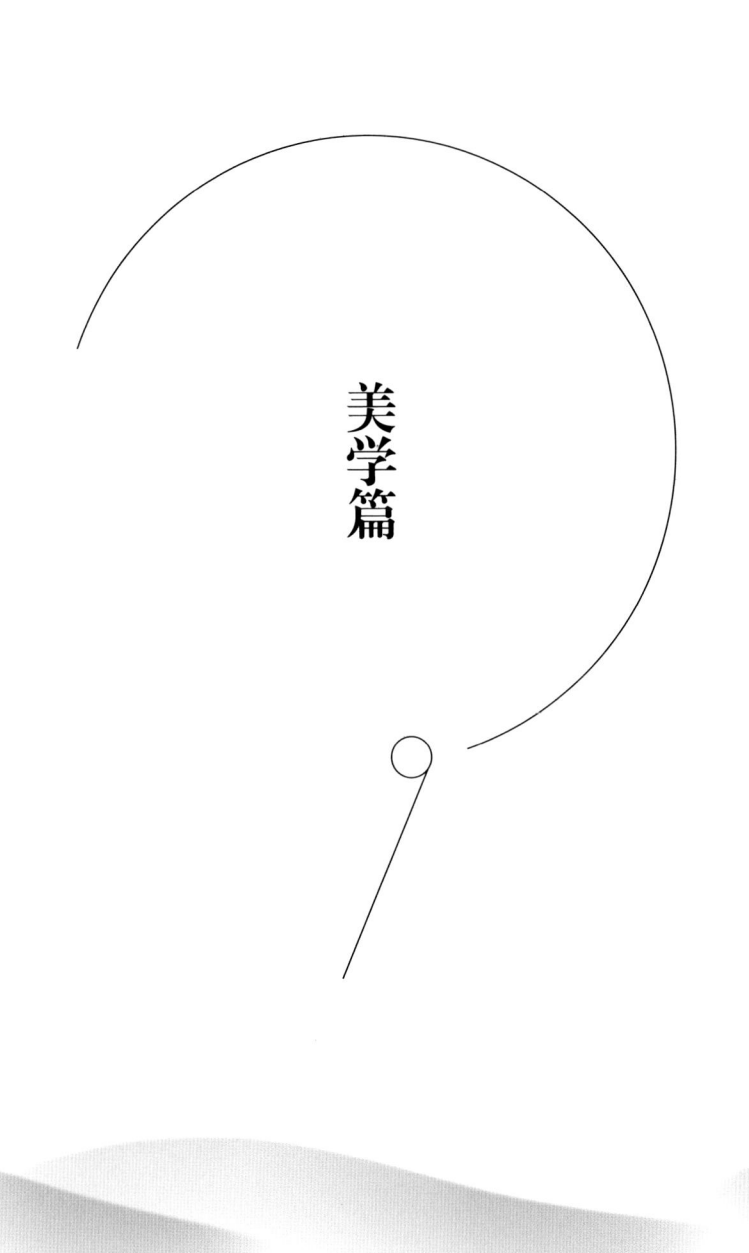

在《城市美学：从自然到艺术》一书中，我曾讲道：

  一座名城，当不知道艺术在哪里终止，自然在哪里开始。自然与艺术浑然一体。

本篇的前面，珠海作为园林城市，同样是山水城市，园林与山水，同样是浑然难分。

同样，现代城市，也有"不知城市在哪里消失，乡村又在何处开启"——我们喊了差不多一个世纪的消灭城乡差别，却在今天城市化过程中，无意中实现了。用今天的话说，乃"无缝对接"。

可以说，近半个世纪珠海改革开放所选择的路径，与深圳有别，正是在此：生态之城，山水之城，美学之城——园林美学，本就与山水美学一脉相承。珠海的山，就是城市园林中的山境。正是珠海的山水城市构建，革了"先发展，后治理"的命，令珠海放出改革开放的异彩。

而山，正是美学之城的主角，故专为一篇。

第一章　石景山

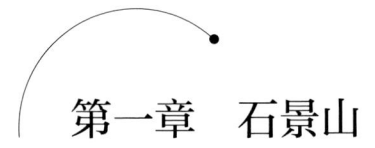

一、巧夺天工

乍一听到珠海也有个石景山，不少人都有点诧异。

北京石景山八大处，是中外闻名的宗教圣地，那是一组大规模的、历史久远的寺庙群。

早在 20 世纪 80 年代，我在北京改稿，在一个又一个出版社"上班"，时间有点长，少说有大半年了。为调节脑力，提振精神，编辑们无不给我介绍一个又一个的景点，其中，八大处是必选之地，不去，你会终生遗憾。

我从小就好玩，名山大川，能去必去，何况这八大处。

这八大处，就在石景山的西北面，隐藏在延绵起伏、林声风声一般悠长的燕山山脉里。

细数一下，这石景八大处有过寺庙数以十计，人道"十步一寺，五步一庙"，可见稠密的程度。《明宪宗实录》记载："西山（石景山）寺庙，相望不绝，自古佛寺之多，未有过此时者。"

改朝换代，金戈铁马。至清末民初，这里也就留下了八座古寺。

它们分别是灵光寺、长安寺、三山庵、大悲寺、龙王堂、香界寺、宝珠洞、证果寺，八大处正是因为这八大庙而得名。"八刹如屋中古董"，可见其美。

其实，品味各寺庙之名，从中可悟出不少妙处。

而且，这里只是燕山余脉，不曾有壁立千仞的高峰，整个石景山区，最高海拔的山岭，也就400多米而已，珠海的山岭大致也是一样的。"山不在高，有仙则名。"对石景山而言，则是有佛则灵，其中的两处灵光寺，据说能看到佛牙舍利塔的佛牙，能有一睹，皆福缘不浅。

这里我要说的是珠海的石景山，故不再赘述了。

我很早就去过珠海，但从未听说过那里有座石景山，只是到了后来，才见到《珠海旅游攻略》上，赫然出现"石景山"几个大字，也就大吃一惊。莫非是我过去孤陋寡闻？连这一名胜都一无所知吗？

可当珠海的朋友指出石景山的位置，就在《珠海渔女》的雕塑近侧的香炉湾海岸边上时，我才恍然大悟：

那不是船形山吗？

但我没料到，这山的改名，竟与我多少还有点关系。

那也是20世纪的事了，快30年。

北京的国家侨联所属的华文出版社，特地约我为著名的雕塑家广州美院教授潘鹤写一部传记。

珠海作为珠江口上的经济特区，希望有一座能代表自己城市品格的雕塑，于是，《珠海渔女》便踏浪而来。

只是，由于当时的中国，刚刚走出极"左"的桎梏，不仅对这一《珠海渔女》的雕塑，就是对城市雕塑，也有种种非议。当然，我们现在已经有了共识，认为这一雕塑，已成为珠海的城市之魂。可当日，却有人认为，花钱做雕塑，不如搞一座幼儿园，又说渔女不似劳动人民，妖艳之极，完全是资产阶级小姐的舞姿，甚至在北京一个会议上，有位著名的老理论家，称这是"资产阶级自由化的产物"，其他的罪名，也就纷至沓来，让人几乎无法接招。

但是，种种的诋毁、攻击，如今留下的只是一个笑话。

"青山遮不住，毕竟东流去。"

《珠海渔女》至今依然明艳照人，屹立在珠海的海湾中。直到今日，澳门回归，珠海最引人注目的游行队伍中，便是这《珠海渔女》的造型与舞蹈，经中央电视台及世界各家电视台播放，更为万众瞩目——这已是40多年之后了，《珠海渔女》成了城市最醒目的标志，没有什么能取代。

只是那时的珠海，还只是一片荒滩与乱石山，虽说上面已明确要在这里创建特区了，可这里最大的特点仍是——一穷二白。

是的，在这里，除开——

几个散落的小渔村；

寥寥无几的居民点；

凌乱无章的滩涂；

还就是一片沉寂的荒山野岭——总而言之，是一片未开垦的土地。

潘鹤却对这片土地情有独钟——也许，抗战中的偷渡，正是在这里穿过；而毗邻的澳门，则有他终生不渝的爱情记忆，他应当在这里做一点什么才是。刚巧经过上一次临别赠言之后，市领导吴健民单独想起美院的雕塑系应该可以先在这不毛之地搞些什么，于是又邀请潘鹤来珠海商量。于是潘鹤首选的目标，便是改造香炉湾公园。

历史，不仅仅是写在石头上或由石头写的，而且是为石头开创出来的：《珠海渔女》开创了特区的又一部历史，也开创了城市雕塑的一部全新的历史，并成为一个城市的象征，超出了作为城徽的意义。

就这样，巧夺天工的城市艺术雕塑，成了珠海市开放改革的悠扬号声——海螺声！

珠海特区刚刚成立，市领导颇有远见也很有韬略，一反常态，不找老板，而先找到广州美院，让一批艺术家先行去做客——这也就为走不同路径的珠海特区定下了调子。

因为特区甫立，规划尚在讨论中，海岸边的山坡上，不时传来爆破声，这让艺术家很是吃惊：这是在干什么？一问，方得知，是本地居民在一窝蜂地抢着裂石以建房子，所建房，大多是两三层楼，并粉刷成很是难看的"姣婆黄"灰水，与大海、白云、蓝天极不和谐，从而把城市弄得离奇古怪、乌烟瘴气。

这让艺术家们瞠目结舌，不知所措。

此时，潘鹤不怕人微言轻，抢先提出颇离经叛道的四条意见，其中包括有，山石不可再爆破了，要"顺乎自然"，得管住。民居不可用"姣婆黄"灰水，这太大煞风景了。

还有，特区最好有一个懂美学的市长。

好在市长并不觉得唐突，书记更赞不绝口。

可以说，潘鹤的四条意见应是相当超前的。

是呀，一尊《珠海渔女》不可孤立在海湾，周遭应有与之相协调的景观。

人们把目光投向了香炉湾的山坡。

相传过去它的名字叫船形山，只是这样一个名字在沿海各地用得太多了。这也是，那也是，没什么特点与个性。

那就——建一个公园。

把这座山改造为公园。

只是，好的想法，仅仅是脑子中的，顶多变成纸面上的，其时，香炉湾山坡，还是一片荆天棘地，没头蒿草，甚至蛇虫出没，草丛中，只是有大大小小、连绵不断的乱石头，能改造成什么？

市领导，却慧眼独具，看中了这些乱石。

这些乱石能有什么用处？

没想到，一座可与北京的石景山相呼应的山，就这么呼之欲出！

1980年初，潘鹤从欧洲回来，满是感慨，看了人家各具异彩、千姿百态的城市雕塑，他思绪万千，雄心勃勃，要在珠海特区这片土地上大显身手了。

首先，他要为珠海立一个城徽式的雕塑——珠海之魂，立在人所瞩目之处。他的构想已有了，并且发动大家拿草稿出来，使之更加成熟。

最后选中了潘鹤《珠海渔女》这个方案。

西行归来，他更加理直气壮了，也更有了雄心壮志，他对所有来访的人说：

  雕塑有巨大的作用。成功的城市雕塑，是时代的印记，是文明的标志，是城市上空的光环。时间的脚步已跨越了不同的朝代，皇权的尊严可以荡然无存，宗教的神权可以泯灭，产业主的财富可以消失，然而用石头和青铜写下的人类文明史却仍放射着艺术的光华。

这掷地作金玉之声的发言，深深地打动了一切听众。

终于，《珠海渔女》的造型构想，得到了充分的肯定。

珠海海滨不远的海中孤石，被潘鹤选定为这座巨型雕塑的基石！

▲ 《珠海渔女》

二、点石成金

北京和珠海，南北两座石景山，可谓各有千秋。

北京的石景山，是大自然的鬼斧神工；而南方珠海的石景山，却是艺术家们的巧夺天工。

北京石景山八大处，是佛教信仰的奇迹；而珠海石景山的万变石雕，不，是石头，却是人文的胜迹。

北京石景山，气势万千；珠海石景山，则千般柔美。

北京石景山是神迹；珠海石景山是人境。

……

还可以有更多的对比。

当年，是众多的艺术系师生，从广州到珠海，接踵而至，轮流上山。

他们要去干什么？

要点石为金！

在艺术家的眼中，山上的一块块大石头，都是有生命的，各具不同意味的雕塑——一如大雕塑家罗丹所说的，所谓雕塑，就是去掉石头上的"多余的部分"。

于是，只要发挥艺术家非凡的想象力，这些石头就活了，有了生命。

它们各具特色，神似一个个活灵活现的不同动物的造型——或奔驰的骏马，或憨态的大熊猫，要么是展翅的雄鹰、活蹦活跳的群鸟；也可以是巍巍然的大象，也可能是威风凛凛的雄狮，更会是横冲直撞的野牛，艰苦跋涉的骆驼；还有飞起的海鱼，听话的绵羊，以及圆滚滚的大肥猪；等等。尽管去放飞你的想象吧。戏眼也正是在这里突兀而出，匍匐在草丛中的乱石上，就看你怎么去想。吴健民、潘鹤慧眼独具，看中了它们！

它们不都是已具有美学意味的南方雕塑吗？

难怪，它独步滨海，成为"南天一景"。

潘鹤身先士卒、沐风栉雨，干得正欢。说也奇怪，经过"文革"，尽管百病缠身，但大概经过了从灵魂到肉体的"千刀万剐"之后，他也真的如"脱胎换骨"，不为经常发作的心脏病所累，鲜蹦活跳得似年轻人一样。

不过，市政府只为这呕心沥血却惊天动地的石雕，付出了寥寥的3000元。

当然，特区刚刚起步，3000元也不是小数。

而艺术是无价的。

艺术系的师生，哪怕是没钱，他们同样有火一般的热情。从所住之处，到正在形成的公园，每天来回的时间都长达两个小时，近20里的路程。

海滨，每每风雨骤至，但是师生们脚下似生了根一样，无论昼夜，仍顶风冒雨，在山坡上劳作，凿石，叮当不止。

而大多数时间，则是日头火辣辣，烤在身上，不是冒汗而是冒油，背脊上没几天都得脱一层皮……

虽然条件如此艰苦，却无一怨言。

毕竟，这也是一展风华、放飞理想的机会。

尤其是当教授、老师的，更是身先士卒，不放过这培养学生的机会，不放过这"改天换地"的神圣时刻！

烈日，让他们脱胎换骨；狂风，令他们坚如磐石。

每到下午收工，大家都累得抬不起脚来，可又得赶回住处，怕错过了开饭时间——这项工作不仅没有报酬，还得自带伙食费，而当时，还是低工资，什么粮票、肉票之类还十分珍贵，误了一顿饭可不是个小损失呀！

就这样，一块块山石，经他们"点化"，即刻就活脱出一个个精灵来！

10天过去了，20天过去了；

一个月过去了，两个月过去了。

几十座山石雕塑，竟奇迹般地从山野中"蹦"出来了，成了船形山，以及香炉湾的一道人文与自然结合的艺术景观，这就是"天人合一"的杰作。

就这样，船形山也就摇身一变，成了中国南方的一座石景山，与北京的相媲美。

在1979年夏秋之间，这一壮举，无疑是全中国独一无二的，立即引起了八方关注。很快，《人民画报》以很大的篇幅，登载了珠海石景山山石雕塑的彩色照片，在国内轰动了；紧接着，香港电视台也派出人马，把这一一摄上，向香港及国际上的华人社会播放，更引起了海外人士的惊呼，认为不是昆明石林胜似石林，当时吸引了不少中外游客。

一时间，正在开发中的珠海，又陡升了不少热度，引来了不少海外投资。市委书记吴健民感慨地对雕塑系的老师说：

在所有的珠海特区建设项目中，就这一项做得最快，完成得最好。算起来总共花费不超过3000元。让我们感到雕塑的成效实在是太大了！我们很辛苦盖了一栋十层大厦，倾家荡产建立了一间工厂，极力介绍给香港电视台播放，但他们只看中了石景山公园，从此吸引了不少港澳同胞到珠海来。

从石景山山石雕塑的开发中，人们也不难看到当日中国特区白手起家的那种热情，那种强大的精神力量。我在《潘鹤传》中记录下了这壮丽的一幕：

从《珠海渔女》优美的身段、流畅的线条，我们能得到来自敦煌壁画中飞天的神韵，她也许正是从海天之际飞来，双手上举，掌心捧着一颗光闪闪的明珠——珠海的点睛之处，正是在这颗珠上。

潘鹤又打破了一个常规，是先有雕塑，后有传说——他用这个雕塑，为珠海带来了一个美丽的传说，这正在诞生的珠海市，本就是天上的一颗明珠，不知何时遗落到人间。

《珠海渔女》以其完美的造型，扣动了所有游人，尤其是情侣们的心。她是神话中的人物，仿佛刚刚从水中徐徐升起，双手托起代表着珠海的明珠，虔诚地奉献给这片传奇的土地；她又是成千上万真实的南海渔女的化身，腰系渔网，卷起被海水打湿的裤脚，向着前来造访的各方来宾嫣然一笑……从早到晚，总是有成群的海鸥在她身边自由地飞翔，蓝天与大海衬托出她健美、秀硕的身材，更极具风韵。

潘鹤就这样让环境与雕塑浑然一体，达到天与人的自然和谐——这本身也是古代中国哲人所追求的"天人合一"的境界。

一对对情侣，都要在她身边留影，而她身边的海滨，竟也成了闻名遐迩的"情侣路"。这也实现了潘鹤的构想，在这荒芜的海滨立一雕塑为景点，势必引来对城市的开发，成为城市建设的先行者！

如今，何止是情侣，每分每秒都有过百游客在这塑像前摄影留念，各种画报相继发表，包括邮票及形形色色的纪念品，汽车标志、啤酒商标、服装装饰，无处不在，都以《珠海渔女》为主体……她成了珠海的象征，远远超出了作为城徽的意义。

历史不仅是石头写的，而且，是为石头开创出来的——《珠海渔女》便是最得意的一笔。

潘鹤少年时的"狂言"已有今天的成就印证。

而今日的"狂言"呢？

随着《珠海渔女》的声望日增，潘鹤为珠海——这毗邻澳门的特区注入的情感与心血，也与日俱增。

有了石景山的大背景，《珠海渔女》方更明艳惊人！

当年，我没少涉足这想象力发挥到极致的奇山！

如今，快半个世纪过去了，重访旧地，我思绪万千。

石景山的占地面积，达到了58万平方米，虽然仅海拔148米，不比北京的石景山400多米，可它别具特色，匠心独具。如今，它是集石景、登高望海、儿童游乐、体育、极限运动为一体的山水公园。

具有了水的灵动——山麓有思凡湖与翠湖，湖里有湖心岛、水榭、鱼池，一应俱全，还可以划船、垂钓、日光浴，乃至露营、聚会……

当日的石头，已成了可以让人充分发挥想象力的"石头动物园"，飞禽走兽，无不活灵活现，栩栩如生。

而且山上更有了不少景点，诸如香炉洞、一线天、通天洞、佛石洞、迎阳洞、观音洞等穿凿而成，自然少不了溪流、瀑布，如"碧潭漂瀑"等点缀。

而山顶上，则添了著名的《海鹏雕像》。

它与山下湾中的《珠海渔女》相互遥望。

而各种旅游设施也都一一配齐。

诸如索道，还有长达一里多路的管轨式滑道，在高速盘旋中穿石林，跨奇岩，掠翠冲幽，刺激，却有惊无险，让你乐而忘返。

不多说了，说多了，有做广告之嫌。

南北石景山，能让今人感悟到什么？

美好、快乐、自由，都是自己创造的。

你有多丰富的想象力，就有多伟大的成功！

还是那句寻常的格言：不是做不到，而是怕想不到！

信然！

一大批雕塑，在珠海出现了。

《珠海烈士陵园摩崖石雕》，宽达46米。其中潘鹤创作的部分，让人感受到极大的冲击力，那种在痛苦中迸发出的冲击力。

《石景山旅游中心七姐下凡雕塑群》，是梁明诚、毛桂珍、李汉仪等人所创作的，也先后如期完成。

补上一句,由于《珠海渔女》占了先机,深圳不久也向潘鹤提出,要雕塑一头"开荒牛",完工后,名声大振,成为深圳特区的象征。

于是,珠江口两岸,两座雕像遥相呼应,一刚一柔,各有风格与意象,记录下中国改革开放的艺术史!

不,更是人类的华彩飞扬的断代史!

第二章　凤凰山

珠海与深圳，同时被列为中国四大经济特区中的两个，另外两个是厦门与汕头。且不论成败，各自选择的发展路径各有不同。仅从珠海与深圳而言，就各具特色，各放异彩。

这便是当下城市定位的历史性选择。

先说深圳，它濒临的是世界金融中心的香港，特区初创，各自依赖的环境或区域就大相径庭，当时，即20世纪80年代，香港的经济比内地任何一个都市都发达，改革开放前期，所谓外资，实际上大都是香港的华资，深圳自然是近水楼台先得月，所以，选择了独特的经济发展道路。一晃40年，如今，深圳的GDP，早已超过了它的近邻香港了，可谓三十年河东三十年河西，这在当年也没被预想或意识到。所以，深圳城市的定位，自然是经济率先腾飞，先发展起来。

而珠海，它濒临的澳门，体量、面积比香港都小得多，经济能量更远不及。而开放伊始，珠海的主政者们，显然就已做出了选择，确定走城市发展的方向。前上写到的《珠海渔女》雕像，与石景山的石景的发生与形成，便昭示了珠海走的是另一条路。

那便是，坚决不走先发展，后治理的西方发达国家的老路，而是从一开始，便立足于生态、立足于绿色环境，去打造一个生态城市，而这，从一开始，便得到珠海市民的认可与拥护。于是，另一种类型的特区，便脱颖而出了。

于是，生态先行，一个山水园林城市便呼之欲出！

的确，我游历了五大洲四大洋，见识了形形色色、多姿多彩的城市，包括如珠海一样的滨海城市，它们有的被称为森林城市，有的叫海岛城市，有的叫花园城市——联合国正是以此名义给世界各个形态各异的城市进行评比，且不论这是否切合各个城市，不过珠海却是在中国最早获得这一殊荣的城市。

对比之下，我更愿意称珠海为山水园林城市。

水，自不消说，城市面对的，便是蔚蓝色的大海，一碧万顷，长风万里，舟楫万艘，美不胜收。

园林，更不用说了，如圆明新园，以及一个个楼盘、宾馆的园林式建筑，几乎可以说，任何一个小区，甚至小小的海景、海湾，无处不是园林，数不胜数。

余下的，便就是山了。

珠海的中心城区是香洲，而香洲的北部便是凤凰山，这是珠海最大的一片山地、林区，东西贯穿，南北纵横，成了珠海城北部的天然屏障——与珠江口对岸

▲ 凤凰山顶

的香港大屿山，形成了左右两岸的"门卫"，共同拦阻住了来自南海的热风，也阻遏住南下的寒流，使这里冬暖夏凉，得天独厚。这一来，凤凰山下，东南沿海的地形相对稳定，田畴铺展、稻花飘香、月季花红、绿叶扶疏，别有风光。

凤凰山连绵起伏，峦峰层叠，人们可以列数出几十座山峰，诸如大小南山、大径顶、白鹤顶、其子排顶、周坑山、径东山、白沙岭等。

可凤凰山区，不仅仅有山，更有水，自然有山就有水，山上溪流，沿山坡飞溅而下，凭此，人们更修出了五个水库，各自名为珠海、大镜山、梅溪、正坑与青年。山中有水，山不仅厚重，也灵动了起来。

庭院前后、楼盘内外、宾馆左右，当有小园林，而整个凤凰山，加上古寺，亦可谓大园林。

评选花园城市，宜居城市，抑或生态城市，当然各有侧重，但有一个共同点，是让城市居民心旷神怡，欣悦不期而至，乃至美至情所在。

其实，珠海作为山水园林城市，不妨只称山水城市。山水为大园林，园林则是微缩的山水。

所以，凤凰山的存在，加上南海，便决定了城市构建的取向。

凤凰山，当是山水城市最好的铺垫！

北有凤凰山，南有横琴山，把作为山水城市的珠海拥抱了起来，把珠海守护为人间仙境。

如果同样选择深圳的发展之路，未必完全行得通，只会失去更多，离我们的理想目标更远，人活着，不就是追求善良、美好吗？不就是渴望幸福、快乐吗？

凤凰山，以你在俯瞰下凤凰一般的山体，碧玉似的翅膀，飞向何方？

我们来了，扑向你的怀抱，不是叩问历史之谜，而是寻求未来的答案！

▲ 凤凰山古道

一、长南径古道

这是一条南北贯穿凤凰山的古道。

这些年，行走古道，跟随历史名人的足迹，吟哦古道的诗文，已成一种深入人心的旅游方式！

长南径古道也就进入了我们的旅程！

在广东，最著名的莫过于梅关古道。北边是江西的大余县，南下则是广东南雄，山下则是千年珠玑巷，积淀着太多的历史。珠玑巷被视为广府祖地，珠海斗门一带有不少南宋兵败崖门后留下的宋军士卒，相传是为了躲避元兵追杀，自称为珠玑巷后人，从而躲过一劫。这里不予详述。南宋遗民聚居于此，当为不争的史实，且有众多的宗祠和族谱为证。而梅关古道之宽阔、坚实，人称"唐代的高速公路"，自打通这一古道后，南来北往的商旅就多了。

此外，更早的还有潇贺古道，连接湖南潇水与粤中贺江的山路，还有湘桂古道，溯湘水而上，经灵渠，便可进入桂江，这均是汉魏六朝的南北通道。

这些古道，往南，辗转千里，便是古番禺及今广州了，而后，进入了珠江三洲的腹地。

古香山的五桂山，与凤凰山同为一脉。古道进入凤凰山后，历史上有过三条古径。后来，随着公路修通，这些古道就掩没于林木草丛之中，最终被荒废了。不过，努力寻索，仍可找到遗痕。毕竟，这曾经是过去广州上三府下四邑连接珠海，乃至澳门不可不走的石径，为古代交通立下过功绩。

如今，三条古径中最长的长南径古道，随着凤凰山的开发，已渐渐成为旅游"打卡"之地，沿途的亭子、石桥、摩崖石刻……都在修复。

这一路上，会给我们惊喜吗？

我们是从南边进入凤凰山的，离开停车场不久，就到了山脚下一个小谷，有些小店，但大家都无意光顾，看到路右侧有个指示牌——长南古径，便走了过去。

没几步，便是一条长条麻石架在上边的石桥，有三个孔，当暴雨倾盆而下时，这里的洪水势必浩大，所以，跨度才这么大。现在，溪流潺潺，阳光在水波上跳跃、闪烁，在浅浅的流水中形成光带，蜿蜒而去，水底的卵石在流水中仿佛在晃动，形成迷幻的色彩。

过了这眼桥不久，热心人士在路的右侧开了一个"懒虫夏令营"，这让我有点好奇，与大家一起去了。

这自然为上山添几分乐趣。

先是有各种小动物，最让孩子们产生兴趣的，莫过于几匹矮脚的小马，不过，当时刚好没孩子在场，不知能不能骑。

在营区跳过了一条小溪，有若干个关有小兽的笼子。我意外地发现，居然有两只白狐，白狐的皮毛雪白雪白，白得令人眼睛为之一亮，它们偎依在一起，很温柔、很祥和的样子。我们几个人围上去，它们也没什么吃惊，该是习惯了，眼睛的神态，明净、柔媚、宁静，很乖似的。我是第一次见到白狐，纵然全国、全世界各地的动物园都没少去，却从来不曾有幸一睹白狐的娇美。记得20世纪80年代，我所在的湖南省作协，一位很出名的作家叶蔚林，就写过一个中篇小说

《白狐》，写得很凄美、很动人，让人久久不能释怀。他本来是广东惠州的客家人，后来又从湖南上了海南岛，当上了新立省的省文职主席，我很喜欢他的作品，有几分唯美，却不乏思想。当年，他的中篇小说《没有航标的河流》，是得了全国优秀中篇小说一等奖的。可惜，天不假于年，到海南没几年，便撒手尘寰了。人生之无常，谁说得清？

离开了白狐，我们便上了崎岖的山路。

山路两边，是簇拥的林木，在大日头下，弥散出叶子的香味。不时有几簇山花在这青色的背影上"溅"了出来，分外惹眼，大都是簕杜鹃，红色，却有不同的深浅，并不单调。只是山路陡峭起来，让人每每忽略这红色的变幻。

我走过的古径，大都是麻石铺出的，有的横铺，显得宽一点，有的直铺，就窄一些，这些麻石上每每有深深的凹痕，有的应该是车辙留下的。有的古径，则是鹅卵石砌的，说明那里曾是海底。也有的是沙石路。

而长南径，却是大小不一、棱角分明的石块连接的，而且，石头拼接得也并不规则，或紧或松，或高或低，甚至形成不了一级台阶，你得小心关注路面，一不小心就滑脱下去，只差没摔跤了。

或许，过去山中的小径就是如此。

马是走不了的，小心马蹄会被卡在石缝形成的石孔中；轿子只怕也不好走，一会坡度小，一会坡度大，最坏的是能把轿子上的人都甩了下去。

知青时，我走过不少弯弯曲曲、似有若无的山路，这在我不算难，却也得百倍在意。

显然，梅关古道属于驿道之类，路宽，且不断修整，除非刮风下雨，不然还是畅通的。记得十三行时期，那是1793年，乾隆皇帝八十大寿，英国派出了一支浩浩荡荡的船队，由勋爵马戛尔尼带队，先期到达北京，祝寿后返回，不允许走海路，而是沿大运河南下，到达长江与大运河交叉的地方，再溯长江而上，进入鄱阳湖。而后，从鄱阳湖进入了赣江，依旧是溯江而上，到达赣州后进入其支流章江，往东，到了大余。而后，没河流了，南边横亘的是大庾岭，只能走山路,抵达最高点梅关——这条山路也就是驿道,自唐以来就这么走的。下了梅关,到了珠玑巷,不远就是北江的支流浈江,之后路就好走了,顺流而下,汇入北江,经飞来峡、禹门与西江汇合,再到广州、珠三角了!

马戛尔尼当然不可能走长南径这样的跌跌撞撞的小路,到了广州等候一些日子,祝寿船队便从北京回到广州,再从虎门,到达外商当年的"驿站"澳门,并从那里回国。

长南径上隐藏这样一段古,几乎被遗忘,发人深省。

好在一路上行,还没有人行差踏错,"马失前蹄"。

半山腰上有一座小亭子,不新不旧,却也是一个歇脚的好地方。

如果不是烟霞满天,当可一览澳门与南海的风采。

再往上,都已经汗流浃背了,只是沿途风景,不会让人疲倦,大家仍是兴致勃勃。

来仪亭、五溪亭、聚贤亭,众多挺立在山上的古亭。

长南三孔桥,始建于清光绪年间,已列入珠海不可移动文物之列,它的结构颇为独特,历史价值不言而喻。

……

无疑,山上的摩崖石刻更别具一格。

石刻记录了雍正三年,即1725年间,重修长南古径的事件。这条古径,跨越唐家湾官塘和前山东坑村,乃古代上栅、官塘等地村民越山前往香洲及其他地区的必经之路。

半山处的摩崖石刻,有铭文为:

雍正三年孟秋榖旦余非凡重修长南迳

风雨剥蚀,岁月打磨,上面的石刻依旧,似乎深深长在石壁上面。相传是余非凡的女儿要嫁到凤凰山的南边,可原先的古道已变得断断续续,杂草丛生,似有似无了。为了嫁女的队伍翻山越岭，一路上风风光光，余非凡下决心重修这一古驿道，既利己，又便民。于是，雍正三年，长南径又重新打通了。

这是一个温馨暖人的故事。

也是长南径一段感人的传奇。

2016年，长南径古道被确定为广东省南粤古驿道八条示范段之一。这一来，它的进一步修复、维护并予以发展得到可期的保证。

显然，历史上，长南径也同样是一条驿道。

而且有"物证"。

在香洲的入口处，走几分钟，便能看到一个青砖墙灰瓦顶的特殊建筑，它不同于"十里五里，长亭短亭"的亭，也不同于普通的客栈——它只能是一座古道上的驿站，相信不久后恢复的这座驿站，当能重现古代驿道上的风貌，见到岁月的风霜。

古道上，还有古津、飞瀑、水库，溪流清冽，曲水流觞……当不枉此行。

这就不逐一道来了，因为，长南径一端，当是此行的华彩乐章，众生向往之处——普陀寺了！

二、普陀寺

乍一听这一古刹的名字，却有点困惑。

因为过去只知道，佛家有四大名山，其中就有浙江舟山群岛上的普陀山，山中的寺庙，便是以普陀命名，怎么一下子从东海的岛上飞到了南海之滨的珠海呢？

四大佛山，年轻时都曾去过。一是山西的五台山，是文殊师利菩萨道场；第二便是普陀山了；第三则是四川峨眉山，早在1996年便列入《世界自然与文化

▲ 普陀寺

遗产名录》，相信有不少人去过；之后，则是安徽的九华山，相传是地藏王菩萨道场。

我是 1986 年上的普陀山，那时是北京一个大型刊物办的一个笔会，国内的名家都应邀而至，张炯、谢冕、雷达、中杰英、沙叶新，还有军旅作家朱春雨，笔会使我受益匪浅，还交了不少朋友。在岛上，印象最深的，莫过于古佛洞，乃岛上唯一出过全身舍利，即肉身菩萨的寺院，历史上香火鼎盛。后历数劫，如今，山门重开，是新世纪初，由佛协收回，可肉身已不在了。关于开山祖师仁光肉身失落的传说，令人扼腕长叹。

不过，这一古刹，并不以普陀山之名命名。

山上的寺庙，最大的是普济寺、法雨寺、慧济寺与宝陀讲寺。"海天佛国"名不虚传。而那里的普陀寺，却在与莲花作伴。

显然，岛上的古寺，因山而名。

只是差不多 40 年过去，我的记忆发生了错位，把珠海的普陀寺与舟山的普陀山交错在一起了。不过，舟山南行，入福建，到另一个特区厦门，倒是有一个南普陀寺。而往北，则有南京普陀寺，南朝所建，历史悠久，"南朝四百八十寺，多少楼台烟雨中"——显然，叫普陀寺的不止一处，各有历史。

所以，珠海的普陀寺，并不让人感到突兀。

自然，凤凰山谷中的普陀寺，同样有自己的来历。

原来，普陀寺是观世音菩萨应化显圣道场。

民国《香山县志》有载："清顺治初年有参将马雄飞登临凤凰山，见山高林密，风景清幽，遂发心捐建一禅院供奉观音大士，此为初载史册之佐征。"

顺治初年，指的是 1638 年，当时为怀庵古寺。

及至 2000 年，珠海在旧址上建成了今日可名列全国普陀寺榜的、规模宏大的朝圣禅修的十方丛林。

我们是 2023 年秋冬之交，来到这里的。

天气晴和，长空一尘不染，湛蓝若南海海面，说得上海空一色，几乎不见一丝流云。这样的晴空在珠海并不少见，可谓得天独厚，一路过来，身上只渗有微汗、眼前分外澄明。空气中弥散着若有若无的花草清香。

天净矣，凤凰山青！

已经临近普陀寺了，却不似在别处的寺庙，不仅早早嗅到香火的烟味，而且已经看见寺前袅袅的香火，这有点让我有几分诧异。

已到了巨大的牌坊跟前。

信众与游客自然来得不少，在如此规模的大寺，人头攒动，人声嘈杂自是免不了的，但我们却分明感到这里分外宁静与安详，的确，看不到多香火，这大异于其他地方的佛寺。

是的，偌大一个佛寺，好几十万平方米的地方，竟然无任何喧嚣热闹的感觉，宁静得就如头顶上那片蓝天。

佛门清静，果真如此。

即便到了诵经的时间，那琅琅的诵声，也如平静的流水，在耳边宛然回旋，没有激起的水波声，给你以平复、安抚与静谧。

恍惚间，你会觉得，地上的佛寺，与天上的晴空，一般洁净、澄澈、晴明。

这更是心灵的感觉。

为何会产生这种超尘脱俗的心境？

是的，门前，没有一长排卖香火的店铺、摊档，更没有任何推销纪念品等商品的小贩——在群山环抱之中，笼下了一片清明、素洁……

只是为何？

我们都习惯了寺前的熙熙攘攘的尘嚣。

可这里却没有。

一打听，才得知，寺里专门有免费供给的香火，可以在香火炉中点燃，但烟火却不易弥散出去，但也不会熏黑波罗顶——这应有专业、环保的设计。

而且佛寺内，有专门的告示，不得收取任何费用。

这方能全心全意拜佛许愿，没有干扰，无须旁骛。

真正的禅定！

天晴明、地清静，心更如海空一片澄碧！

但愿此感悟，永远保持下去……

本来，佛寺就应是这样的，没有尘世的污染。

从建筑的格局来看，整体布局严谨规范，左右对称，前后有秩。寺中有隐，院中有园，错落有序，却不单调。整座寺院，坐北朝南，顺山势自低趋高，与山体十分和谐。

而中轴线上，则更有序地分布石雕、牌坊、山门，光明殿、三圣殿、五时殿。

中轴线东西，各有钟鼓楼、虚空殿、地藏殿、祖师殿、功德堂、尊客堂、甘露坊、斋堂……

不必太细微做出介绍，只要你拾级而上，各色殿堂、莲池、楼宇，都会一一呈现在你眼前。

道观，是在山顶上，与天相齐，羽化成仙升天。

佛寺，却藏在山谷之中，涵养佛性，耳根清净，有园林之美，亦有佛像之亲。

生死轮回、沧海桑田、四季循环、日月交替……乃至拈花微笑、老僧禅定……一切的一切，皆有佛性，空，则是佛教的本体性，如同无为道教的本体。

海天空明，乃心斋也。

我在佛像前，双手合十，默默祈祷，愿天下，皆如凤凰山谷中的普陀寺，永远清明，永远空灵。

我知道自己还会重来。

何为普陀法界？法者，宇宙万事万物各持特性，自成轨则，互不紊乱；亦为真理。

此刻，晚霞满天，整座佛寺，更为澄明剔透。

别矣。

南海之北，珠江口西岸深圳、珠海各有凤凰山，皆为森林公园。

龙与凤，皆为中国人心目中的吉祥象征，故有"龙凤呈祥"的意象，所以，各地的龙山、凤岗，或者龙江、凤水，比比皆是，在广东，更有一座横亘百里的大山，成为客家梅州地区与潮汕地区的天然分界线。但山上，则一度是畲族人的祖地。畲族人的史诗中，就有"广东路上有祖坟，祖坟就在凤凰山"。

这似乎是题外的话了。

都应别有深意。

因为，凤凰的象征，更为柔性。

三、凤凰山问兰

我曾经多次讲到，一座名城当不知道艺术在哪里终止，自然在哪里开始；自然与艺术浑然一体。前面说珠海作为园林城市，同样应是山水城市，园林与山水，同样是难解难分。

因为园林，我即刻想到，我曾有上十年的时间，居住在广州一个著名的园林近侧，每每写作累了，搁下笔便上那个园林去了，不仅仅是放松、沉淀，因为远远嗅到了兰花的幽香，便油然产生一种愉悦。我想到很多欢乐、快活的往事，为此，我还专门写了一篇散文，因为这篇散文，我成为这个园林最受欢迎的客人，随时可以进去。

这个园林就叫"兰圃"。

那篇散文题为《我与兰圃》，文中说：

兰圃门面小巧，却也古色古香，似不合现代都市时尚，但也有一番韵味。一进门，竟得步下几十级石阶，一下子便"潜"入了一片苍绿之中，下面是一泓清水、曲栏回廊，绿水与树冠，又托起一亭阁。

一下子，便把我给"抓"住了，真可谓尺幅之间，变化无穷；足令你胸襟顿开，气象万千……密密层层的各色热带植物，竟成了一道最出色的屏障，一下子把滚滚红尘隔绝在外边，没有废气，没有尘埃、没有烟雾，而且，也没有了噪音——就是这么奇怪，叶隙间，你还可以看见上面车来车往，却就是听不到喇叭声、车流声什么的。

好静好静，静得一个叶片落地也能听到，却分明又传来清脆的鸟语——鸟儿们也真会找，竟找到都市中心这么一个小小的绿洲。

你仿佛在片刻间步入了另一个世界。

游人不"多"——不"多",是说来这的游人绝少喧哗,所以才在多字上打上引号,大家都沉浸在这一片的"绿"与"静"当中,好像进入了无我之境,所以才这么屏声静气。天光与水影,把囿中一切都清晰地勾勒出来,你连欣赏还来不及呢,顾不上大惊小怪了。

往前,是一丛丛层次分明,或苍碧,或青翠,或泛出鹅黄的绿竹,景深处,竟是一所小小的茅舍,其间的用具,桌、椅、几什么的,一色是竹木构成,平添了几分返璞归真的意趣,在这里酌上一杯清茶,品到的不仅仅是茶香,还有清风送来的叶香、花香,以及水香——水的清香。

不过,也许,这时你会觉得,这个兰囿,已不是你设想得那么小了,前边,很可能还有更引人入胜的地方。于是,你稍事小憩,便又往前——曲径通幽,迥然又是一番天地。

这里是朱老总生前多次关照的兰室,面积不大,可兰草花样不少,常有摄影家在此流连忘返,寻找不同的角度,捕捉那瞬间永恒的镜头。中国自古以来,总是以兰来比喻那些心志高洁的君子。的确,兰本身也能陶冶一个人的心灵,在这里,见兰草的清幽、高雅,你能不荣辱皆忘,视名禄为粪土,去追求一种全新的精神境界吗?

沐浴在一片绿雨、绿光、绿影之中,你的生命也自有了另一种体验……不远处,过小桥,穿草地,还有一个奇石馆,天下千奇百怪的石头,均让有心人搜罗到了此处,也为这里添了一份情趣。切不可把这奇石的形状读出来,一读出来就白了,你只可以在心中把它们把玩,品味它们,正如一首诗,一首只可默读的诗,诗后的意境是无穷无尽的,诗情或可昂扬,或可激越,或可羞涩,或可清醇,或可……什么都不是,你只管去体味。别读白了,一白,就破坏了无穷的想象。

这次应珠海之约,我写到了凤凰山。

这回走进凤凰山，恍惚间，又回到了20多年间常去的兰圃。兰圃的格局，与道家意念中的园林，自然十分契合，曲径通幽，绿叶扶疏，方寸之地，却气象万千，似进入了山林，小桥流水，鲜花夹道，一时间不知南北，更不知出入；浓密的林荫，遮天蔽日，夏日的炎热褪尽，全身浸在了清凉的轻风之中，让你觉得飘然欲仙！

于是，我忽地想到，凤凰山就是一座大的"兰圃"。果然，我在珠海市的旅游名胜介绍中，读到了凤凰山不少"采兰"的篇章。

简介中称：凤凰山位于珠海市香洲城区的北面，为五桂山支脉，海拔437米，属沿海丘陵地貌。这座森林植被覆盖率达到了90%的大山被称作"市肺"，植被类型为南亚热带常绿阔叶林群落，整个凤凰山区林地已经全部被划为国家级生态公益林。山内峰峦林立，溪水潺潺，景色优美，已日渐成为登山爱好者的探险乐园。

香山的得名便源自凤凰山。唐朝，凤凰山盛产"异花神仙茶"。当时从凤凰山的香山崖到香炉湾，漫山遍野山花怒放、花香袭人，当地人于是据此取名"香山"。

清代举人杨瓒（广东中山人）有诗《凤凰山采兰》曰：

秋上空山万壑晴，凤凰山畔紫兰生。
风吹香径何人到，花落寒潭独鸟鸣。
旷世幽怀青草外，赏心终日碧峰横。
当年九畹堪为佩，今日悠悠感我情。

同时代的杨芳洲的《凤凰山采兰》：

几欲纫芳思楚泽，适从鹤驭到崚嶒。
偶闻花气出林际，便溯水声来洞门。

吟余采佩空山里，应有幽人入梦频。
数亩绿遮秋岳壁，一丛香挂老松根。

还有杨元祚的《凤凰山采兰》：

万树西风叶尽红，泉流绕涧听微淙。
悬崖倒挂薜萝日，绝壑幽笼烟雾钟。
青鸟声中山气冷，丛兰石上野情浓。
我来采佩遥相赠，胜景何因致短筇。

这几首诗名同为《凤凰山采兰》，可见，凤凰山采兰，已经有上千年的传统，文人雅士视为时尚。

而早在明代黄瑜就有《凤凰山》：

桃花悄无源，仙妹渺何许。
空余一片山，欲逐凤凰翥。
长林暮萧飕，似送飞琼语。
倏然卧荒村，清猿夜深雨。

清代肖立《凤凰山寺》：

山簇穷荒鸟道盘，天高云邈海涛宽。
三生石上苍苔洁，九曲流边落叶丹。
林月夜残禅伴少，洞门朝扫雪花寒。
寥寥物外知谁待，一缕檀烟静自看。

凤凰山寺即记公庐,在白云岩侧,有僧人记汝曾在此著书十余年,故名。已毁。

何鸣西《凤凰山》:

凤势横开跨晓峰,彩光一带绕长松。
分明碧涧花千树,散作朝霞锦万重。

李作梁《登凤凰山》:

连峰飞翠辇,真觉凤凰栖。
峭壁疑千仞,流云暗一溪。
瀑声天际落,竹影杖头低。
日晚下山去,苍茫路渐迷。

邓谷《凤凰山》:

灵鸟何时下,嘉名著翠巅。
岩端七级塔,天上一池泉。
草绿名蝴蝶,花红号杜鹃。
昔曾登石髻,下顾尽云烟。

关于凤凰山的诗,还有很多,这里只是随手拈来。

我上凤凰山,也想学古人的雅兴,去采兰,然后写上一首《凤凰山采兰》,很可惜,时令不合,未能如愿,上山只见弱枝轻摇,看不到花开,更没有闻到花香,我又不能强说愁来赋新词,本篇也只能称"凤凰山问兰"了。

同时,我也产生遐想,凤凰山应该与兰圃一样,汇集全世界所有的千姿百态、五光十色的兰花,形成一道独特的风景线,成为放大了几千倍的兰圃,吸引南来北往的游客。兰花漫山遍野,曲径通幽,溪涧叮咚,兰影如幻,兰香如露。

也许,会有一天,凤凰山也会成为兰花的博览园,名闻天下。

第三章　板樟山

板樟山横亘于珠海市中心，海拔274米，绿化森林植被覆盖率达80%，但山体不时见露出的花岗岩石，怪石嶙峋，石壁天然。在南方湿润的气候下，山中遍布榕树、松树之类的树木，松树或挺拔，或坚韧，榕树发达的须根，或缠绕，或攀附，如虬龙伏虎、如五爪金龙，让一座石山林木森森，成为一座城央森林氧吧。

在市中心的板樟山是一座市民休闲公园，游人零距离与山上一草一木亲近，无论是山脚居民，还是近邻亲朋，无不直接感受到那清新气息。

珠海特区建立初期，政府决定建设板樟山隧道，以打破珠海南北不相通的格局。隧道位于拱北、柠溪、前山交界处，全长1200多米。现在的隧道两侧新增三条隧道，新增的隧道中有一条是慢行隧道，长约1235米，让行人和非机动车直接通过板樟山。这慢行系统的隧道，是全国第一条和最长的慢行景观隧道，堪称最美隧道，隧道的顶部是生动的3D彩绘，将珠海特色的湛蓝天空搬到了这里，蓝天、白云、飞机、小鸟，栩栩如生的彩绘为隧道增添了许多趣味，隧道两侧还有灯箱和电子显示屏，让大家行走在隧道里面的同时，也能了解珠海的人文风貌。

登临板樟山即可看见壮观的港珠澳大桥静静地蛰伏在大海上，如苍龙横卧，震撼之情让观者无不感慨万千。

▲ 从板樟山俯瞰港珠澳大桥

　　板樟山又称"澳门回归纪念公园"，在这山中观景台，放眼南望，能看到"一国两制"交汇点的全部景色。

　　"澳门回归纪念"，这是一份沉甸甸的历史使命，不是一般山石神迹、草木灵性可比。

　　"澳门回归纪念"，这是国家赋予板樟山的一个责任，非一般山色水景可类比。

一、1999级台阶

　　为纪念1999年澳门回归，从金钟花园的板樟山山脚开始顺山势而上铺设了1999级台阶，沿途栽种1999棵苍松相迎。

▲ 从板樟山俯瞰

　　这1999级台阶，一级一级，直上到山顶开阔的平台。

　　沿途台阶时急时缓，时平时陡，顺势而为，顺势而设。中国文化对数字是颇有研究的，以九为大，如"九五之尊"；以三为小，如"三人行必有我师"。

　　1999级台阶，每踏上一级台阶，无论是窸窸窣窣声，还是踢踢踏踏声，述说的是那个激动人心的澳门回归时刻，听闻的是回响近百年的闻一多先生的《七子之歌》。

　　澳门回归纪念公园简介：

　　一九九九年十二月二十日，中国政府恢复对澳门行使主权，这是中华民族的历史盛事，也是与澳门山水相连的珠海市人民的盛大节日，值此举国欢庆之际，珠海人民积极行动，市政府在板樟山建设澳门回归纪念公园。

　　澳门回归纪念公园主要景点：

　　石阶路：全程1999步级，长839米，高差205米，途设休息点5个。

99平方米花架式平台一个，寓1999年澳门回归之意。

观景台：此台高居山顶，位于石阶路终点，占地99平方米，立观景台可俯瞰澳门及珠海拱北、吉大、湾仔等地，寓珠澳两地合作的美好前景。

纪念林：1999年4月9日，珠海市领导与各界人民代表，植荫香树1999株，寓珠澳两地人民友谊地久天长。

自明嘉靖三十二年（1553年），葡萄牙人以"晒渔网"为名占澳门，至1999年澳门回归祖国，前后446年，是闻一多先生《七子之歌》中最早被占、最晚回归的"儿子"。《七子之歌·澳门》被大型电视纪录片《澳门岁月》改编选为主题曲，更成为1999年12月20日澳门回归的主题曲。

《七子之歌·澳门》：

> 你可知"妈港"不是我的真名姓？
> 我离开你的襁褓太久了，母亲！
> 但是他们掳去的是我的肉体，
> 你依然保管我内心的灵魂。
> 那三百年来梦寐不忘的生母啊！
> 请叫儿的乳名，
> 叫我一声"澳门"！
> 母亲！我要回来，母亲！

《七子之歌》是闻一多先生1925年3月在美国留学期间创作的组诗，当年7月发表。闻一多先生为何被称为"先生"？从他身在美国不忘国忧，身在繁华不弃家糠，可知他是"中华民族的魂灵"。

板樟山1999级台阶，就如1999个钢琴的琴键，两旁树木就如大小提琴、长号和锣鼓，奏响的是《命运交响曲》和《英雄交响曲》。

二、百子碑

1999级台阶登上板樟山山顶平台，平台设有澳门回归百子碑，这座百子数字碑很特别，不但有寓意，还与时俱进，以数字化的形式为我国碑文化增添新的一页。数字、解码是当今社会的日常现象，与我们的生活密切关联，这百子碑以数字为符号，让回归纪念平添一种豪气与神圣感。

据介绍：

>百子回归碑是一幅十阶幻方，中央四数连读即"1999·12·20"，标示澳门回归日。百子回归碑是一部百年澳门简史，可查阅四百年来澳门沧桑巨变的重大历史事件以及有关史地、人文资料等。如中间两列上部（系19世纪）："1887"年《中葡和好通商条约》正式签署，从此成为葡人上百年（距今100余13年）"永驻管理澳门"的法律依据。又如中间两列下部（系20世纪）："49"年中华人民共和国成立，从此中国人民站起来了；"97"年香港回归祖国；"79"年中葡两国正式建立外交关系，澳门主权归属是建交谈判中的主要问题；"88"年中葡两国互换关于澳门问题的《中华人民共和国政府和葡萄牙共和国政府关于澳门问题联合声明》批准书，从此澳门踏上了回归祖国的阳光大道。

澳门回归纪念亭，坐落山地，面向澳门，与拱北海关同一直线。澳门回归是中华民族一件大事，海外华人华侨更是心潮澎湃。据介绍，当时旅英华人华侨丘添和杨六允先生率先倡议建回归纪念亭，倡议发出得到一百多名华人华侨及旅英社团的积极响应和捐款。

纪念亭是澳门回归半年后建成，里边陈列有关澳门的历史概要和回归宣传展板，让游人直接了解这一重大历史事件。

站在纪念亭前，饱览珠澳两地美丽景色，虽然依然有沧桑感，但是，已是"沉舟侧畔千帆过，病树前头万木春""万马奔腾任嘶吼，千里黄河一壶收"。

第四章　前山

如果你来珠海旅游，或者是生活在珠海，想登上"前山"看看"前山"风景，但无论你是用电子地图导航，或是找导游带路，都会团团转，肯定是找不到的。因为前山根本没有"前山"这座山，只有政府架构的前山街道，还有前山中学、前山小学等。

大家都知道庐山市有"庐山"，黄山市有"黄山"，甚至海南岛的五指山市都有"五指山"，但今天的珠海市香洲区前山街道没有"前山"。

不过，珠海前山曾经有"前山"。

据专家对前山街道的地名考证可知，明末有一刘姓人家到大块埔定居，后来，发现前面有座山比大块埔环境要好，于是就同邻居迁至前面的山居住，并自定此地叫前山。

就这么简单，我们的先人喜欢把复杂问题简单处理，来到前面的山就叫"前山"了。

但是，专家没有公布几百年前"前面的山"在那里，具体是哪个位置，甚至"大块埔"在哪里，也没有出具指引。

专家没有明确指引，这不重要，重要的是我们这个时代文明进步，科技发达，探幽解谜是一种人生乐趣。

一、寻找前面的山

首先，"前山为古镇，始于南宋绍兴二十二年（1152年）开埠。宋代，属香山县长安乡"。这时期，正是北人南迁，岭南大开发，珠江三角洲浮沙出现形态的时期。而"开埠"二字，定性这地方是以商贸立足，因为珠三角地区一般叫"开村"，即人们来到一个地方，看到适宜耕种的坦地，就放下行囊，聚族而居，形成村落。当周边村落多了，合适的地方就形成市集，发展成"墟市"。

"开埠"而立足，在珠三角发展史上是很少见的。

那么，为什么前山是"开埠"呢？其实，在珠三角大海盆时期，这里就舟楫穿梭，货如轮转，远的说秦汉时期，南越国的大海船就巡游珠三角各地，甚至南海沿岸各地，以广州南越王墓出土的波斯银器和南洋香料为证，这时期珠三角已是商连海外，贸通四方。珠三角大海盆时期散落大海中的各个岛屿，是往来商船的驿站码头。按自然地理研究，今天的珠江三角洲是在北南宋后快速形成的，从今天的三水开始，顺德、番禺、中山、珠海，次第沉积，连片成陆，明清时期，今天的中山、珠海才与北边连接起来。

"前山"南宋"开埠"，即那时期"前山"是一个海岛"码头"。有"码头"就有生意，有"码头"就有机会，所以谓之"开埠"。"埠"字，珠三角人以形态来说通称"埗头"，即从水中一级一级上岸的台阶，有了台阶也有了"埠"，有了埠就是客似云来，商贸发达。

前山在南宋时期开埠，这个"埠"在哪个位置呢？1000年的沧海桑田，岁月蹉跎，天翻地覆，今天导航定位已无法找到了。但是，可以肯定的是"前山埠"应在山脚下。

但是，问题又出现了，"前山"的山在哪里？

"前山"这个名字能流传到今天,不是凭空臆想出来的。看今天的前山,东面是体量庞大的板樟山,中间是小山岗的马鞍山,南边是前山水道。纵观今天前山,只见两座山,并没有"前山"。

那么,相传"明末有一刘姓人家到大块埔定居,后来,发现前面有座山比大块埔环境要好,于是就同邻居迁至前面的山居住,并自定此地叫前山"。来到珠三角的先辈们喜欢选择小山岗聚居,因为小山岗有低矮台地可耕种农作物,而且,山岗周边水域会逐渐形成冲积耕地。"老刘"大可能是从大块埔搬到今天的马鞍山公园附近了。准确来说,应是马鞍山的东边。

为什么是马鞍山的东边?因为这地方向阳,而且对面不远就是今天的板樟山下的圆明新园,两地之间就是今天的一条前山路。板樟山体量很大,珠三角大海盆时期也是一个大海岛。南宋时期,今天的前山街道适合耕种的坦地不会太多,只是一个沼泽地带。如此,南宋时期前山"开埠"应是在今天圆明新园一带。

"前山"无山实有山,板樟山位于今天的珠海中心地带,1000年前茫茫大海中,虽然没有耕地,但这里是一个世外桃源,有码头而成埠,埠的后边是飞禽

▲ 珠海市国家4A级旅游景区圆明新园

走兽的乐园，埠的前边是鱼虾满地的浅海滩涂。这个地方还有一个关键点，刚好是西来洋船过横琴后入粤的主要通道。依托这样的环境，不难想象这"埠"的繁华与热闹。

这是珠海最早"开埠"的地方之一，而且是"开埠"，不是"开村"，即一步到位，进入全球商贸物流大循环中。

前山，有山还是无山，已不重要，重要的是这个地方"开埠"，"埠门一开，好事自然来"。这里应是珠海这个地方最早地灵人杰之地了。

当然，这个探幽解谜只做了一小步，探到千年的幽深，却还没有把谜解开，要解此谜，还得众人合力，自然"谜"就不成谜矣！

二、未成海防城市的前山古寨

明代，珠海这个地方是香山县属，前山这个地方由恭常都管辖。明天启元年（1621年），设前山寨，派军驻守。

始建于明代的前山寨城址，虽然现在只余下一段一百余米长的城墙，但是，1986年，前山寨城址被核定为珠海市文物保护单位，成为珠海重要的历史记忆。

今日，这段前山寨城墙与前山中学有机地融合在一起，是学校围墙的一部分。这段斑驳质朴的古老城墙，是前山寨北城墙段。

前山寨自诞生之日起，就与抵御外敌、保家卫国这一神圣使命紧密联系在一起。明嘉靖三十二年（1553年）葡萄牙人租占澳门后，当时的香山县海防地位一下子就凸显出其重要性。有资料记载，明天启元年（1621年）前山设寨，立参将府，驻兵把守。1717年用石头和夯土扩建为规整的军事城池，设东"物阜"、南"前丰"、西"晏清"三个城门，并在靠近澳门的西、南二门上设置兵房和炮台。后来，这里驻守参将的级别提到从二品，官兵数量剧增，水、步、骑三军齐备，成为香山县境内的第二城寨。

前山城寨，在广州十三行"一口通商"时期，是珠江口一带的海防重地，无论是西洋商船纠纷，还是欧洲国家内讧火拼来到这里双方动手，前山城寨驻军都会介入弹压。

清乾隆九年（1744年），第一任澳门同知印光任上任，入驻前山寨。印光任任上办的最大一件事是订出管理澳门的具体措施，就是有名的"七项指引"。主要内容是严格规定外船进出澳门的条件，加强盘验，洋船到日，由中方派出引水员，洋船出口，更须盘验，如有违禁夹带，查明详究。"指引"还规定了引水员的资格。此外还规定澳门居民同外商贸易的指定地点，禁止外人潜入澳门；同时编立保甲、设立海防衙门。洋人在澳门修船，须将船身大小、船匠姓名开列，呈报给官府。"指引"规定在前山寨设立海防衙门，派兵镇守，并同各处协营联络，加强守护，等等。制度的订立，对澳门的管辖起到很大作用，也让中西贸易的管治规范化，促进双方的发展，也让澳门快速发展成一个东方大商埠。

前山寨里营房齐整，在清光绪十三年（1887年）前山驻军撤走后，这里也就随之成为墟市和民居，到今天，拆拆建建中只余下一段斑驳旧墙在诉说当年今日的往事。

如果了解一下世界城市发展史，可知军事要塞、城堡是很多城市发展的源头。西方以海防城堡最出名，以古罗马和古希腊的地中海的最典型，近代的直布罗陀发展到今天也是一个海防城堡。在中国的城市发展史上，最著名的就是河西走廊的城市，几乎全部都是军事要塞发展起来的，经过1000多年的建设与毁灭，反反复复，在战火中的洗礼，反而因为需要加强国防功能规模越建越大，成为既能守卫疆土又负责东西商贸的重地——丝绸之路。

自汉代起，2000多年来，中国的军事国防主要是面对北方的游牧民族南侵，所以，海防城寨出名的并不多，反而是细数今天中国的沿海城市，从南至北，湛江、香港、澳门、上海、青岛、天津、大连等大城市，除澳门早被租占外，都是鸦片战争后被外国人侵占、租占，作为各国列强进一步瓜分中国的桥头堡。经过中国人100多年的前仆后继、不屈不挠，把国土收复，把屈辱洗脱，这些沿海城市融入世界海洋文化中，进一步发展壮大。但是，这些本该是以"海防"发展起来的城市，却是以割让、租借出现，这是"国之殇"。

前山城寨，是中国历史上第一次面对来自海上的欧洲人的威胁而设立的军事要塞，具有非常重要的意义。但是，鸦片战争后，中国国力进一步衰弱，国门洞开，本来是严防死守的阵地，本来是拒敌于珠江口外的前山城寨，却见欧洲列强的军舰直接驶入珠江内河横冲直撞，竟然驶到几百千米外的西江梧州。前山驻军撤走，也就是放弃阵地。

我们不知道是不是前山驻军撤走，前山就没有"山"，就找不到"前山"了。但历史的必然性是有规律的，因守不住而"放弃"，"放弃"了也就意味失去，失去了也就没有了发展的机会。

相对于国内的一些城寨遗迹，特别是河西走廊的军事要塞，前山城寨不太入史家眼，几乎被忽略。但是，当年第一任澳门同知印光任从前山带领军卒，驾起军舰来到珠江口海上，对准备开枪开炮厮杀的英国、法国人说："你们要打，就回你们家里打，不许在我大清国门前开枪开炮！"当时正是为争夺海上霸权的英法百年战争期间，英国人和法国人都杀红了眼，竟然在万里之外的中国海岸边也要开打。印光任的义正严辞、凛凛威风，让英国、法国人服软放下手中枪炮。"中国决不允许家门口生战生乱"，这是多么让人振奋的声音！

鸦片战争后，国门洞开，危墙之下无完卵，前山城寨不重要了，驻军也就撤走了。

弱国无外交，有国才有家，两耳不闻窗外事，空有满腹诗书，万贯家财终成空，即"风声雨声读书声声声入耳，家事国事天下事事事关心"。

前山城寨肯定是"前山"的一部分，城寨是背山面海，北面是一个山岗，即现在的马鞍山，但今日的马鞍山南面已是一大片平地，楼房林立，机械的威力一年就完成愚公移山几百年的工作，让一切旧模样变新颜。

"前山"开埠在哪里？"大块埔"在哪里？"前山"在哪里？

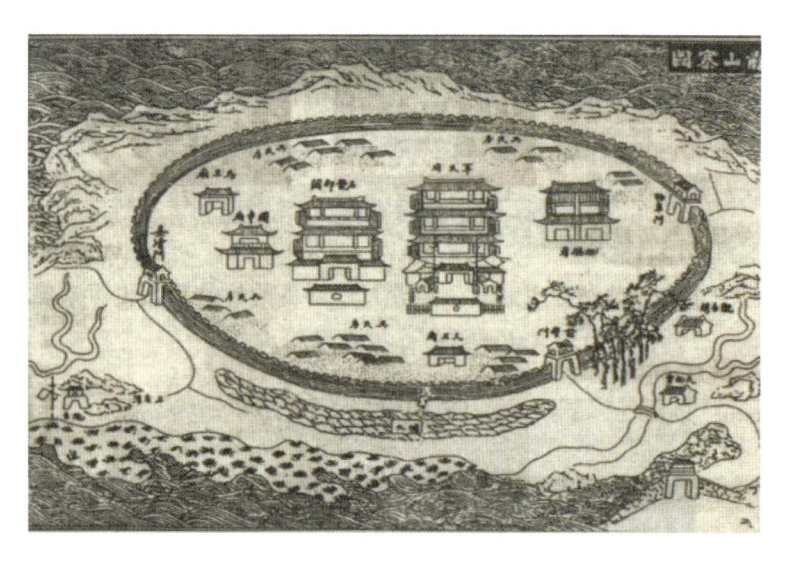

▲《香山县志》中前山城寨图

前山有没有"前山"？

在一个新兴城市里，发掘、保育人文历史，很困难，但是，因为未知，因为成谜，所以，就要探幽解谜，对历史的探幽解谜，是为了更好地保育今天，珍惜今天！

三、中山纪念亭

探寻前山的"山"因沧海桑田，年代太久远，可能是一个很专业的考古课题，需要更多时间与人手去解开谜团，但前山有一个才100年左右的历史遗迹，清晰地呈现在我们眼前，这就是与前山城寨一路之隔的中山纪念亭。

前山中山纪念亭是全世界唯一一个孙中山先生亲手锄土奠基的"中山纪念亭"（包括纪念堂等），是旧日"前山""山"上的重要、具有重大历史意义的建筑物。据地方史料记载：

> 1912年4月，孙中山辞去中华民国临时大总统职务之后，致力社会革命，到南方各省考察，宣传民生主义，于5月下旬，由南京取道香港、澳门返家乡——香山县翠亨村省亲。这是孙中山在外奔走革命17年后第一次返回家园。这位深孚众望的革命领袖光荣归里的消息不胫而走，很快传遍前山一带。前山籍同盟会员刘希明、香港富商刘伴樵等，为了对这位革命先驱表示敬意，相约在孙中山途经前山时举行盛大的欢迎会。
>
> 1912年5月27日清晨，晴空万里，风和日丽，前山的乡民，以及香洲商埠、翠微、吉大、山场、湾仔、造贝、坦洲等地的乡民约一万多人，奔走相告，八面拢来，欲一睹孙中山的风采。他们汇集在澳门至前山的道路两旁，敲锣打鼓，隆重欢迎孙中山的光临。上午9时许，当孙中山乘坐一辆黄包车，偕同十余随行人员经过拱北关闸，进入前山地带的时候，顿时鞭炮齐鸣，锣鼓喧天，凤翔狮跃，人声沸腾。"欢迎孙先生光荣归里""孙先生好"的欢呼声此起彼落。孙中山神采奕奕，走下黄包车微笑地频频向乡民们握手道谢。这时，邑人刘希明、刘伴樵等人引孙中山和随从人员到前山恭都公立小学堂里，举行几千人的盛大欢迎会。
>
> 在欢迎会上，恭都公立小学堂校监刘希明代表致词，高度赞扬了孙中山崇高的爱国主义思想和不屈不挠的革命精神。
>
> 孙中山也即席发表演说，他向乡民们分析了当前的革命形势，宣传"三民主义"，号召大家万众一心，实现共和，建设国家，保卫国土。
>
> 孙中山激动人心的演讲，不时被热烈的掌声打断。会后，孙中山与全体师生和随从人员合影留念。为纪念"孙中山首创民国之功"，刘伴樵提议集资兴建一座中山纪念亭，得到大家的一致赞同，于是征求孙中山意见，选在"前山东城附郭"建一凉亭，以永志此事，得到孙中山的欣然答允。
>
> 旋即乡民们簇拥着孙中山来到鸡屏山林附近的土坡。孙中山接过随从

手中的锄头，持锄动土，锣行奠基礼，后登黄包车与乡民们挥手告别。两个月后，刘伴樵组织乡民集资各料，迅速动工，在孙中山锄土的地方建起一座凉亭。

当时是一座砖木结构的四柱亭，亭前安置两条嵌有石狮的华表，四周种有几株榕树。亭子虽然不算堂皇，但表达了前山人民对革命领袖的衷心爱戴。

1922年秋，中山亭被台风吹毁。1923年重建，1925年为纪念孙中山先生逝世，正式命名为"中山纪念亭"，孙中山逝世后，前山的绅士乡众为了纪念孙中山的丰功伟绩，复有重修凉亭之议。

现存的中山纪念亭于1928年，将原来的凉亭拆建，迁至逸仙路，于1928年3月18日落成。1949年2月至3月，乡人又通过演剧筹款，重修凉亭。

1986年11月，珠海市人民政府在纪念孙中山诞辰120周年之际，对中山亭又进行了全面修缮，使之焕然一新，并将之列为珠海市文物保护单位，成为对青少年进行革命传统和爱国主义教育的基地。

亭台楼阁是中华传统文化的特色纪念物，地方史料已把中山纪念亭的历史整理得很清晰，这是一个具有划时代意义的建筑物。

史料上说当时万人空巷，可见场景的热烈与震撼。

历史背景是当时孙中山为了国家与民族少受磨难，把民国总统之位让与袁世凯，以换取"驱除鞑虏，恢复中华"的目标实现，尽早取得最终胜利。但是，经过无数抛头颅洒热血的革命行动，换取的是窃国大盗袁世凯的南北"逼宫"，可想而知，孙中山的心情是多么复杂，"失意"与"得意"谁说得清？他以一人之退拯救万千众生，实现民主之希望——牺牲个人，成就国家，此选择不是我们常人能理解的。

"孙中山首创民国之功"是无上之光荣，但人生荣辱在眼前，建功立业看座位。

我相信，不管伟人姿态如何高，孙中山这次回乡的心情一定是五味杂陈。中华民族有这样的传统，功成名就衣锦而还乡，落寞他乡鸟倦而还林。孙中山这次还乡是什么，那就让人各自解读了。

"孙中山首创民国之功"只是一顶帽子，于乡人没有太大的直接得益。

况且，孙中山只是前山右后方翠亨村人，他的"鸟倦还林"与前山似乎没有多大关系。但是，翠亨隔壁村的前山却是以空前盛大的仪式迎接"倦鸟还林"，而且，这里恰恰是其入境和入粤的第一站。中华民族最珍视乡情，乡人认可、认同胜于十万金，一切荣辱得失皆如云烟。

离家 17 年后返乡，乡间万人空巷，因"孙中山首创民国之功"而倡建"中山纪念亭"，孙中山接过随从手中的锄头，亲自持锄动土。这是一个具有使命感的锄头，这一锄掀起的是家国、家园的泥土。这一锄一泥是否成为后来孙中山继续高举反封建、反帝制，争取民主与自由大旗的动力源，那就让人各自解读了。

前山人让孙中山返乡路上汲满元气，在前山路上留下一个承载历史使命的纪念亭，一个延续历史使命的纪念亭。

前山人站在前山看到前面的山，是一座中华民族的高山。

第五章　黄杨山

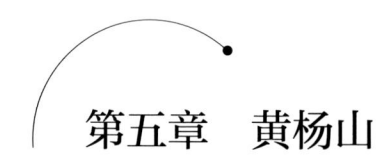

珠海位于珠江三角洲最南端，黄杨山是珠海的最高峰，也是珠三角的最高峰，高581米。山不高，却还素有"珠江门户第一峰"之称。

什么叫"珠江门户"？就是珠江口，镇守入江海口的地方。

旧时科技不发达，镇守珠江口的主要军事要塞在虎门的威远岛。但是，今天的科技是站得越高，望得更远，守护得更好。而且，珠江八大出海口中，站在黄杨山上有三大出海口可尽收眼底，向东南看是磨刀门，向南看是鸡啼门，向西南看是虎跳门。所以，说黄杨山是发达的珠江三角洲的"珠江门户"，是名副其实。

黄杨山在斗门区，面积约30多平方千米，在以冲积平原为主的珠三角，其面积也是最大的。

黄杨山风景幽雅，登高远眺，峰峦秀丽、风光旖旎，以风景幽深、泉石辉映著称，有"茶田吐翠""清泉冽水""第一石门""赤脚仙踪""无底深潭""金台银瀑""环海镜面""也字山峰"黄杨八景。其中，金台寺是黄杨山上的主要景点。

一、黄杨圣景

山川大地，无人即是一座荒山，无鱼则是一潭死水。

中国古语"山不在高，有仙则名。水不在深，有龙则灵"。花草树木间有蝴蝶翻飞，有雀鸟跳跃欢叫，则花会唱歌，草会起舞。一石一风景，一滴水而知恩情。

有人踪，必有胜景，有胜景，必有文化。此是中国山川文化一大特色。

看中华文化历史，庐山是最经典了。要说瀑布，祖国山川大地，不少地方也有飞瀑高挂，但因大诗人李白一句"飞流直下三千尺，疑是银河落九天"，让庐山的"门票"收了上千年。似庐山一样的瀑布，一千尺也好，五千尺也罢，因无人赋出旷世名句而默默无闻，甚至成为野瀑小溪流。

黄杨山没有三千尺飞瀑高挂，但也具备山川特有之魅力，有景有物，有人有"神仙"，期待文人雅士三言两语，或半句文章窥其洞天，助其流芳天下。

黄杨山已拟出"八景"，是一个赏景的引子，也是一个风物的概括。

茶田吐翠：黄杨山有茶产出，当是翠绿芬芳。

清泉洌水：金如寺侧有水长年不绝，汇成一泉。

第一石门：飞瀑过石门，壮观如白练过隙，让人有欲随之腾云之感。

赤脚仙踪：传神仙韩湘子在此乐极而忘形。

无底深潭：潭深通海，大自然奇观。

金台银瀑：瀑高百丈，有如猛虎下山，响声震人心弦。

环海镜面：清风徐来，水波不兴，如镜海面，千帆竞渡。

也字山峰：有瀑布飞流，雷鸣阵阵，珠溅四飞，还有张世杰墓，地形似"也"字。

而且，相传过海八仙邀约云游四方，纵览名山，当游览到黄杨山时，韩湘子乐极忘形，顺口吟了一首诗："黄杨山上九峰连，好水好山别有天。日丽风和人欲醉，能饮能逛便成仙。"

坊间附会也好，真是韩湘子赋诗也罢，似乎不用考证出处，因为日丽风和，逛来逛去，三杯两盏，即成神仙，这是普天下老百姓的梦想。

当然，神仙太虚渺，人是最重要的。今人重要，故人也重要。

从人文方面，黄杨山最重要的是南宋殉国者和遗民。

张世杰是宋代范阳人，崖门宋元决战，他亲率船舰迎敌，但在突围时遇大风舟覆而亡。后世相传当时张世杰死后，其尸首逆流到黄杨山脚下，突围出来的南宋官兵把他的尸体埋葬在山峰上。

"张世杰尸首逆流到黄杨山脚下"，这似乎有点神秘色彩，即因是殉国英雄，所以，后世给其附上神助神迹，也彰显百姓对英雄的崇敬之情。

其实，"逆流"是珠江口的一种特殊自然现象，在海上起大风和涨潮时分，江河口门的顶托现象让海水涌入江河中，而崖门与虎跳门紧紧相邻，崖门河水向下，遇大风海潮顶托，左转进入虎跳门，刚好是黄杨山脚。如果要说神助，那还有一个自然现象，高高的黄杨山把南海的大风挡住，刚好产生一个风洞的回旋，助力崖门的水逆流上溯至黄杨山。珠江口的海潮上溯内河，最典型的是当年大海盆时，海水逆流直上今日的肇庆羚羊峡。

可以这么说，黄杨山以自己的胸怀，以自己的力量，让殉国英雄魂归"故土"，免于沉海之痛。

神话、神秘力量，其实都是大自然的力量。

张世杰的墓前近看远眺，今日青山环抱，郁郁葱葱，辽阔海面，百舸争流。当日，张世杰守护的是一个信念，一个家国的责任。

今天，史家研究，当年南宋崖门一战，逃散在珠三角的遗民是岭南大开发的一支主要力量，包括遗下的中原文化，让岭南进一步，快速地形成具有地域特征的文化。

所谓之"黄杨圣景",神仙神迹外,毫无疑问,"张世杰的遗传"是实打实的圣迹。

站在黄杨山之巅,向西南望去,虎跳门咫尺之遥,你定当听闻隔壁的崖门海面千年前的动地战鼓声,看见战舰交错、战旗飘扬。

为什么要听闻?为什么要看见?

因为有方家悲号:崖门一战,"崖山之后,再无中国"。

因为有方家反驳:崖门一战,"崖山之后,再无中国",是妖言惑众。

因为有方家引经据典:"崖山之后,再无中国",源出日本人,是为日本侵华做所谓理论支撑,为日本军国主义张目。

摒弃正反两个论战阵营,登临黄杨山之巅,我们听闻的依然是民族的战鼓震天动地,"张世杰"们魂归黄杨山,有灵魂在就什么都在!

"传说"张世杰尸首逆流到黄杨山下,不是传说那么简单,我们传说的是"民族文化的灵魂"。墓柱所刻:

云石空望侍郎宅

海水犹潮永福陵

张世杰的墓历经千年而不湮于尘埃中,应是中华民族文化生生不息的一个符号。

"山不在高,有仙则名。水不在深,有龙则灵。"

黄杨山,非"陋山",是有灵气之山。黄杨山八大景,景景入眼,皆为圣景,然而,圣景首推有张世杰"行踪"的"也字山峰"。

神仙太高,神仙太远。以史为镜,以镜正身。有史有镜,可正衣冠,可正心灵。此应是人人流连山水间,人生最大的收获。

二、金台寺

金台寺位于黄杨山南麓，原名"金台精舍"，始建于南宋祥兴二年（1279年）。

据传，宋军在新会崖门抗元失败后，承节侍郎赵时踪、大理寺丞龚行卿、翰林学士邓光荐等人为躲避元兵追杀，进入黄梁都（今斗门区）黄杨山第二峰中腰（乌岩峰），修筑茅庐居住，并取名"金台精舍"，他们招纳四方贤能之人聚会，以读书吟句为名，密谋继续抗击元兵。

后来，南宋赵氏后裔出家为僧，以金台精舍为修行办道之所，并于清乾隆五年（1740年）扩建，改名"金台寺"。

据金台寺推介文字，清乾隆四十二年（1777年）春，由沙门光镜大师发起重建金台寺。

《重建金台寺碑记》记载：

> 胜地必待名贤而后得名，名贤必择胜地而后居住。地与人之相交也，往往然矣。考邑志，时赵公避宋乱而寄迹于黄杨山，光荐邓公，行卿龚公，宋之荩臣也，与赵公友善，亦避乱而啸咏于此，则三贤之有取于斯山之传，斯山亦因三贤而益著也。不有志据，乌可考哉。乾隆庚申年赵氏因其胜而创立一寺，为高僧行杖驻锡之所，榜之曰"金台"。然规模犹未广也。迨乾隆壬辰年，光镜鼎新之，志而为叩募，赵氏即倡此举，四方之高人雅士，亦乐为之助。高其垣墙，广其堂宇，明神显圣之地，遂大改前观。而水秀山青，云行雾合，不仅为贤士大夫游宴之所，亦为讴吟之资哉……

由碑记可知，金台寺始建于南宋末年，是珠三角较早的文化遗产之一。

▲ 金台寺

今日，金台寺的规模与形制，具有很强的时代特色。

首先，今日的金台寺，具有南北文化交融的特色。

南方雨多潮气重，所以，建筑以青砖黛瓦为主。南方又盛产石料，所以，条件许可就砌以石墙，明代前以红砂石为主，后多见使用麻石。北方干燥，石料不多，所以，墙体以批灰为主，为了整体感，大多通体刷上大红油漆，典型的就是北京故宫和少林寺了。

金台寺的山门，就是通体大红色，这山门巧用环境，建在一个小山凹中，山门左右两边是小山体，刚好是一个左右为"山"的"山门"。这在珠三角是难得一见的风景，珠三角的寺庙大多是以牌坊、牌楼为山门。

登上半山腰，有一半山湖，这是人工筑坝蓄水而成，此湖曾作为发电站使用。湖水与后边黛色环抱的金台寺相映成趣，金台寺红墙黄瓦，在绿意深纵中如水墨设色，画中点题。

寺的正门山墙抹红，门楼整体风格让人恍如步入少林寺中。

金台古寺为三进布局，中座大雄宝殿供奉佛祖；东厢有南宋三遗臣神祇；西厢立一龙母神像，后座为二层的魁星阁。

曾任清朝广西巡抚的斗门人黄槐森题写的寺门楹联："金身现在，台镜常明。"此联让人品味良久。据说，金台寺屡遭兵燹战乱，日渐寥落，后因兴建金台水电站，寺址被水库淹没。

现在的金台寺于1991年8月31日经政府批准易地重建，新址选在黄杨山南麓"将军卸甲"处。此处远眺崖门海口，后枕黄杨主峰；青龙山绵延于左，白虎山骑伏于右。

金台寺传承厚重的历史，今日的金台寺群山环抱，水秀山青。寺内松柏苍翠，钟鸣鼎立，殿宇峥嵘。灵洞曲涧、青峰翠峦环绕，《重建金台寺碑记》载"不仅为贤士大夫游宴之所，亦为讴吟之资哉"。当代诗人刘君续赋诗一首，正是古今金台寺的写照：

旧寺浮沉莫问因，云山海水说忠臣。
侍郎故宅文章老，宝殿重光福地新。
远照佛灯开昧锁，积行德善启斯民。
镜心身树殷勤拂，净洁无私不染尘。

诗中述说了金台寺来源于南宋遗民的历史，是一种沉甸甸的感觉。很多地方的寺庙是僧道开山，以家国遗事传承的真是少见，这也让金台寺平添一份神秘色彩。说其神秘，是因为它是1000年前的南宋余脉，举一朝之力而留下的历史回音。

可以这么说：黄杨山，我本荒山，南宋遗民，结庐修行，张公世杰，文魂千古，金台胜迹，灵动八方。

第六章　孖髻山

一、云髻之美

《现代汉语词典》解释"髻"：在头顶或脑后盘成各种形状的头发。孖髻山喻指美丽的山峰。

今天，我们已对发髻有点陌生，平日里还会下意识地以为"髻"有点"俗"或"普通"。但是，在很长的历史里，"髻"是中国人的标配，男女都有发髻，经典文献《孝经·开宗明义》有载"身体发肤，受之父母，不敢毁伤"，儒家思想里，头发等同生命，所以，必须好好地保护。如何保护？保护的最好办法就是合理利用，我们的先人以儒家思想为指导，把头顶的一撮毛发变成"艺术品"，在历史的长河中把这"艺术品"开发得淋漓尽致。这样，千百年来，中国人头顶一个"艺术品"，入画入诗，成为世界历史文化的一个重要组成部分。

发髻之美，在唐宋诗词里的美篇数不胜数，大凡描写到美人，"髻"几乎是标准配置。唐代"博解宏拔主"鲍溶的诗："云髻凤文细，对君歌少年。万金酬一顾，可惜十千钱。"这是古诗词中对发髻最具量化价值的诗句了。

"髻"，也就是"发"的历史发展过程中，对"身体发肤，受之父母，不敢毁伤"这一文化标准受损害事件，表达得最突出的就是清朝初年下令汉人剃发，

"留发不留头，留头不留发"，引起不少血腥反抗行动。头顶没有了头发，也就没有了"髻"这个艺术品。这样，近三四百年鲜见以赞美"髻"进入诗词名篇

者,让"髻"成为文物。

近现代,社会变化,文化多样性发展,发髻从文物中复生,演变成具有隆重仪式感的"艺术品",不少大婚日子的女子都会梳一个发髻,以示"嫁人了!"。珠三角更有一个风俗"梳起",就是梳髻嫁人或自行梳起发髻以昭示本女子独身过日子,此即珠三角独有的"自梳女"现象。可以这么说,经过历史的洗礼,今日的"髻"已具有神化与神秘色彩,比"万金酬一顾,可惜十千钱"又进了一大步。

洋洋大观的中国历代文化对发髻的赞美和神化,衍生出对美丽山峰的拟人化描写,一座具有"云髻之美"的山峰,真可让观者"云髻凤文细,对君歌少年",感叹其"万金酬一顾,可惜十千钱"。

盘发为髻,多以一髻为标准,头结两个发髻,年少则特别显得聪明伶俐、活泼可爱、洋溢青春气息;年老则如返老还童,精神饱满。

头盘两个发髻,南方人谓之"孖髻"。

二、"孖髻"与"文楼"

孖髻山,在珠海西南部的平沙镇,海拔 312 米。

关于这座山的来历,有"仙女思凡落平沙,王母震怒变孖髻"这么一个传说:

> 很久以前,有一位美丽的仙女,不甘天庭的寂寞,思恋人间的生活。她偷偷下凡,爱上了平沙一位勤劳善良的青年渔民,与他幽会,相亲相爱。
>
> 天上的王母娘娘知道后,非常恼火,亲自带四个天将前来捉拿仙女。当时,他们正在近海捕鱼,突然间,天空乌云重重,雷声隆隆,由远而近。渔夫大惊失色,急忙收网返航。仙女知道大难临头,天命难违,焦急中跪

在船头，合掌念咒，祈求南海龙王相助渡过劫难。南海龙王获悉后，很同情这对恩爱的恋人，对王母娘娘的专横表示不满，一气之下念动法术。刹那间，将海水分隔成两边，一边风平浪静，小渔船安然无恙；另一边的海水像脱缰的野马，排山倒海似的卷向下凡的天将，四个天将被巨浪打得晕头转向，动弹不得，变成了平沙境内的大虎、二虎等四个小岛。老态龙钟的王母娘娘见势不妙，赶忙逃到海滩上，谁知滩涂上到处是深深的泥淖跑不动。她越用力拔腿越往下陷，最后只露出个头来，变成一座高峰，叫"孖髻山"。山上"凹"字形的双峰，就是王母娘娘的孖髻。

另外一个延伸的传说版本是：一对青年渔民夫妇，丈夫下海打鱼，妻子在家做饭，一天风雨大作，电闪雷鸣，妻子久候丈夫不见回来，上山望海，在日夜等待中，与山合为一体，两个发髻化成山上两个高峰。

虽然这些传说让孖髻山的得名少了一些美感，带了一点伤感，但也让我们知道发髻是孖髻山得名的依据。

孖髻山还有一个名字叫文楼山，"文楼"二字不用解释那么多，不外乎"文以载道""地灵人杰"，但从两个名称可知地方人士对于山名的纠结情绪。虽然"文楼"二字来源于山下代有人才出的数据，但是，可能并非都是叱咤风云人物，所以，不太好弃"孖髻"而独用"文楼"。

其实"孖髻"与"文楼"都是好名字，都是人们的美好愿景。今日，孖髻山前也特建一个"文楼山森林公园"，相得益彰，应是好事。

三、彩虹行山径

孖髻山，山清水秀，奇石嶙峋，是平沙镇的森林公园。沿着行山径拾级登上孖髻山顶，向西远眺，可望见珠江出海口的鸡啼门、崖门；向南可俯瞰平沙镇全貌，以及珠海疏港高速公路、高栏港。日出日落时分，美景尽收眼底，更是海天一色，霞光万道，与天共舞。

孖髻山西侧行山径的起点和终点，是特意设计的"彩虹阶梯"，与东侧行山径东西连通，形成一个环线，是一个有着很高颜值的景观。彩虹是一种看似虚幻，实则存在的物质，如果用生硬材料造一条彩虹出来，反而让人怀疑其真假。这孖髻山彩虹行山径只是在起点和山顶台阶用油彩涂上彩虹色，既简单又清晰地表达出彩虹意象——艺术不用填鸭式硬灌给大众。大自然的深奥，使我们永远都在探索的路上，大自然的现象就像一首诗，意会是最美妙的享受。孖髻山的彩虹行山径，几个油彩涂抹的台阶就让人有登顶的冲动，就让人有登高欲飞的感觉。

起于彩虹，高于彩虹，当你轻轻踩着碎步，沿着彩虹梯级行上山顶100多平方米的观景台，你真会突生凌云之志，会有驾云欲飞的感觉，没有了"我欲乘风归去，又恐琼楼玉宇，高处不胜寒"的畏惧心理，毕竟"彩虹"是一座桥梁，一座通向美好明天的桥梁。一级一级的"彩虹天梯"，向天空无限延伸，宛若一条流光溢彩的绸缎，让人无法不遐想联翩。

在观景台上向下望，只见如彩缎的行山径镶嵌在山林间，人行径中，与大自然融为一体。当脚步与大自然同拍同调，所赴的山野之约，嗅闻树木的凛冽清香，听鸟儿唧啾的窃窃私语，或高歌低鸣，似乎是邀请人们一起来"森"呼吸，一起来歌舞！

在如梦如幻的彩虹故事中，当你欲与天公试比高时，山顶景观处洁白墙壁上惟妙惟肖的墙画，又让你一下子回到人间。这是一幅幅"平沙故事"，如围海造田、平沙糖厂、华丰三鲜伊面等。墙画简洁明快，一图一故事，把眼前的一景一物赋予了无限的生命力。

四、百里平沙见沧海

孖髻山未有名时，只是一个无名海岛，主峰海拔319米，在今日珠三角也算是较高的山峰了。

曾经，孖髻山东边、南边有不少小岛和礁石，而北边却是珠江主流西江的两个出海口虎跳门和崖门，崖门也是岭南中部一条重要河流潭江的出海口。这样的地理环境，上游带来的泥沙在小岛礁石的阻拦下，形成了一个几十平方千米的冲积平原。

但是，一马平川的沃壤美景并不是一日而成，北来的洪水，南顶的海潮，把孖髻山周边方圆几十里造出大片滩涂沼泽地，直至中华人民共和国成立之初，为了解决粮食问题，在上级政府的统一部署下，孖髻山下开始围垦造田。1955年4月中旬，广东省当时的粤中区党委从云浮、新兴、罗定、高鹤、番禺等地，抽调了18名县、区级干部，陆续到佛山集中，传达了中共广东省委和省政府正式批准建立"国营平沙机械农场"的决定，并任命林智敏担任场长、李株园担任副场长。1955年12月中旬，来自番禺、中山、南海、顺德等地的7000多名农民工被组织到平沙农场进行第一次大围垦。这次围垦分为两期工程：1955年至1956年初，主要是筑堤和水闸的填土施工，新填的土方沉淀后再进行二期补充填土和造田工程；1956年1月初到当年6月，修筑了18千米的海堤，将5万多亩的荒芜滩涂变成了良田和宅基地。此后陆续进行了多次围垦工程，填海造陆总共达到了240平方千米。孖髻山下的滩涂沼泽地成为美不胜收的百里平畴，不少参加围垦的人留下来成为农场职工，在平沙成家立业，成为今日平沙重要的"土著"。至此，在百里平沙环绕中，孖髻山从海岛真正成为陆上"高山"。

1978年，平沙机械农场安置了越南难侨6000多人，后更名为平沙华侨农场。

孖髻山成"山"时间不长，与刚和陆地相连的三灶岛，早已成为陆上"高山"的黄杨山、凤凰山、板樟山等组成珠海的一大特色景观，是"珠海"的来源。从北至南，由西到东，一座一座大山小山就是一曲又一曲沧海桑田，一首又一首"人间五月天"。这就是珠海起于大海、来自大海的证据。

五、崖门挽曲

崖山海战是中国历史上第一场大海战，距今不到 800 年时间，但影响深远。近年出现的一句"崖山一战无中华"更让崖山海战成为坊间争议热点。

距今 2000 多年的古希腊时代，地中海的海战是最有名的，大战过后产生了不少不朽的史诗，如《荷马史诗》，那英雄盖世的大场景让后人久久不能忘记。但是，大战过后，古希腊这个国家消失了近 2000 年。后来在地中海叱咤风云、辉煌一时的古罗马帝国也是分崩离析。

历史上中华民族的文化中心点在内陆，所以谓之中原文化。在各个历史时期只偶然出现江河湖泊的水军对阵，几乎没有发生过海上舰船的大战斗。

崖山在崖门东侧，在孖髻山的西北方向，一尺之遥，山上大声呼叫一下也可两相呼应。

1279 年，南宋与元军在崖门海域进行了一场海上大决战，双方各自出动过千艘大小船舰和十几万大军，最后是宋军战败，南宋灭亡。

当时，宋军扎营在崖山西南方，元军从东西北三面包围。此时正是春寒天气，宋军处于下风头，元军又利用潮涨潮落之机，顺势出击，把宋军一举击败。

崖山海战结果是丞相陆秀夫背小皇帝投海殉国，而另一个著名人物张世杰，有两个传说，一是兵败退至阳江海陵岛后投海殉国，二是战死后尸首逆流上溯到黄杨山脚，被乡人葬于山中。黄杨山在孖髻山东面，现在还筑有后世凭吊的张世杰墓。据史载，此战南宋十万军民也随小皇帝投海殉国，浮尸遍海成为一页惨烈的历史。

陆秀夫、张世杰、文天祥是"宋末三杰"，而崖山海战时文天祥正被囚禁于元军船上。身处死地，文天祥留下了一首诗词《二月六日，海上大战，国事不济，孤臣天祥，坐北舟中，向南恸哭，为之诗曰》：

长平一坑四十万，秦人欢欣赵人怨。
大风扬沙水不流，为楚者乐为汉愁。
兵家胜负常不一，纷纷干戈何时毕。
必有天吏将明威，不嗜杀人能一之。
我生之初尚无疚，我生之后遭阳九。
厥角稽首并二州，正气扫地山河羞。
身为大臣义当死，城下师盟愧牛耳。
间关归国洗日光，白麻重宣不敢当。
出师三年劳且苦，只尺长安不得睹。
非无虓虎士如林，一日不戈为人擒。
楼船千艘下天角，两雄相遭争奋搏。
古来何代无战争，未有锋猬交沧溟。
游兵日来复日往，相持一月为鹬蚌。
南人志欲扶昆仑，北人气欲黄河吞。
一朝天昏风雨恶，炮火雷飞箭星落。
谁雌谁雄顷刻分，流尸漂血洋水浑。
昨朝南船满崖海，今朝只有北船在。
昨夜两边桴鼓鸣，今朝船船鼾睡声。
北兵去家八千里，椎牛酾酒人人喜。
惟有孤臣雨泪垂，冥冥不敢向人啼。

> 六龙杳霭知何处，大海茫茫隔烟雾。
> 我欲借剑斩佞臣，黄金横带为何人。

崖山海战时，宋军败阵的节点是近晚时分大海涨潮，宋军船阵随潮水东移，出现混乱，被元军一举击败。残存宋军逃出崖门各自东西逃散。所以，西有海陵岛张世杰投海殉国传说并筑有墓地，东有黄杨山埋葬张世杰的坟墓。而孖髻山就在崖山的东南面，隔海相望，当年涨潮东移的宋军战船最容易被海水冲到的地方就是孖髻山。所以，近年在孖髻山区域发现了宋元崖山海战的遗迹，这些大可能是元军追击南宋残军的战斗遗迹。时至今日，孖髻山东面不远的黄杨山下，有乡人溯源，自称南宋遗民，而山上的金台古寺更直言是赵氏后人所开建。

崖山是南宋王朝最后坚守的城池，宋军落败宋朝灭亡。因元朝是北方少数民族，统治中原而介入其民族元素，中原汉人士大夫无不哀嚎汉文化的灭失。明朝末年的钱谦益眼见南明灭亡，写下怀古感时诗词《后秋兴之十三》：

> 海角崖山一线斜，从今也不属中华。
> 更无鱼腹捐躯地，况有龙涎泛海槎？
> 望断关河非汉帜，吹残日月是胡笳。
> 嫦娥老大无归处，独倚银轮哭桂花。

此诗本是抒发伤怀之感，却被近代日本人刻意解读成"崖山一战无中华"，为其对中国的侵略行径张目。"崖山一战无中华"，也就是"你已没有自己的文化，我可以随时进来做你的主人"，这谬论一度甚嚣尘上，今日的某些"汉士大夫"也认同此谬论，并助推其传播，造成恶劣影响。这谬论实在太邪恶，引起不少学者愤怒，经过细致梳理，才发现谬论的始作俑者来自日本和其邪恶的目的。

如果钱谦益泉下有知，其对南明灭亡的伤怀伤感，被日本人无根据、无限制地扩大为政治概念，当会起而挺枪出阵张中华民族之天地正气。

"崖山一战无中华"？不但有海陵岛张世杰殉国传说和黄杨山的尸首溯流传说，而且两地又有几百年的张世杰墓奉祀至今，黄杨山更有南宋遗民坚守血脉。坚守几百年，这就是中华民族的精气神。

沿彩虹之天梯拾级而上，站在高高的孖髻山上，东望与西眺都会感受到中华血脉的精气神，这精气神就是让中华民族、中华文化延绵不息之所在。

见证篇

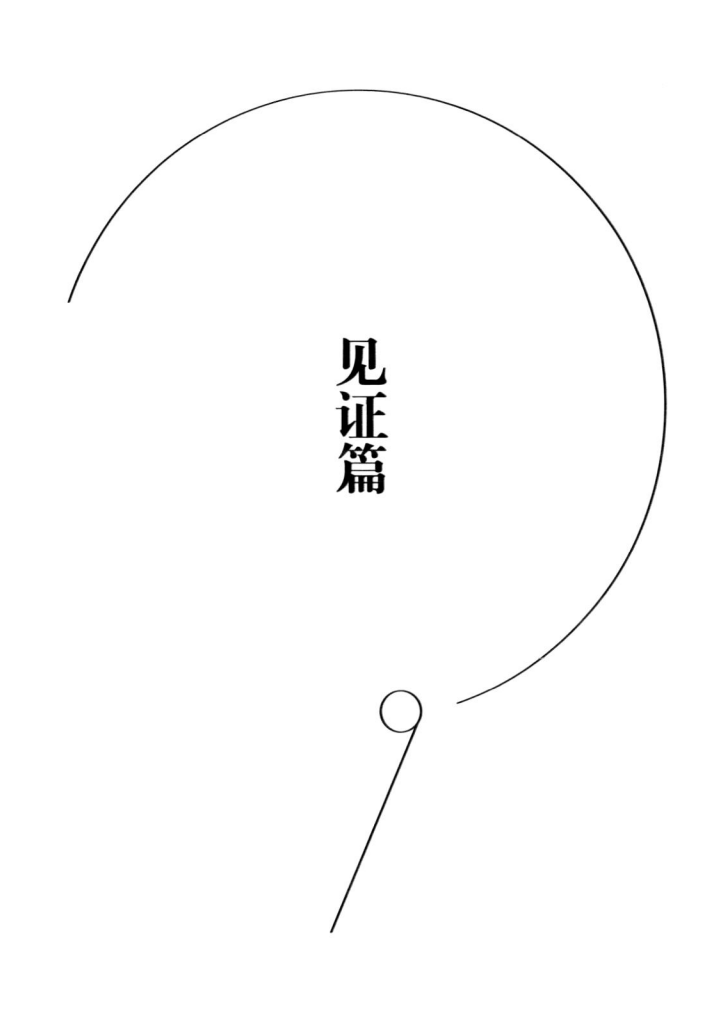

今天的珠江三角洲，古代是一个大海盆（溺谷），由珠江水系东、西、北江经年冲积而成，陆地雏形出现在唐宋年间，距今约1000年。

古海盆时期的珠三角，茫茫大海中矗立着为数不多的海岛，现有考古证实，这地方曾经经历过多次海浸，海潮上上落落，不少地方发现的贝壳堆积层中海生与淡水贝类交替沉积。新生代时期，海潮海浸最远上溯到现在肇庆的西江羚羊峡。而在珠江口外的桂山岛则发现水下几十米深处有海蚀遗迹，证明上古时期珠三角这区域曾经是海水退却，形成过完全陆地的环境。在海水退却时期，珠江海盆中岛礁应该是林木森森、花草茂盛的地方，但是，两边却是壁立的高山险峰，今天的海岛就是当日矗立其间的险山奇峰。时至今日，在珠三角各个地方，特别是广州、佛山一带开挖地基，常常会挖出海生的海蛤、咸淡水的蚝、淡水的螺和蚬，有的地方还层层叠叠，沉积厚度有的达到几米甚至十几米。蚝壳沉积最典型，因为蚝是咸淡水环境生长，往往会沿着海岸线沉积几十千米长，珠三角人通俗地谓之"蚝龙"。蚝龙在那里，就证明海岸线曾经在那里，珠三角发现的蚝龙有三条，证明这地方不少于三次海浸。"蚝龙"的遗迹，让我们知道了古时候的"潮起潮落"，知道了日月无常，也知道了岁月有痕。正所谓"雁过留声，人过留名"，水过也会有痕。

靠山吃山，靠水吃水，一方水土养一方人。珠三角人很早就懂得合理利用一切可利用的资源。在地下挖出的贝壳中，蚝壳曾经是珠三角最重要的建筑材料，是一门大生意。古时候人们用蚝壳砌墙建房子，所建房子冬暖夏凉。这沉积地下上千年，甚至上万年的蚝壳是绿色环保、健康的建筑材料。后来，人越来越多，地下挖出和新长成的蚝壳供不应求，就向南洋各地进口蚝壳。

现在发现珠三角区域有人类活动遗迹的地方较典型的是南海西樵山（距今约8000年，以石器工具为证）、中山五桂山西侧（约6500年前，以贝丘遗址为证）、顺德龙江麻洲岗（约3500年前，以贝丘遗址为证）。

大海中的海岛，是人类早年生存、发展依托之地，大海的环境也就让人培育出搏击风浪的能力。从广州南越王墓出土的文物"船纹铜提筒"上清晰反映了2000多年前珠三角这个地方发达的航运活动，提筒上最突出的是战船三舱结构，是现在全世界有证据可证明的最早最先进的船舶设计。船舶采用的分隔舱结构设计，在今

▲ 蚝壳房

天仍在许多大型船上使用，因为分隔舱结构的船舶除了加强船体牢固外，还可预防船身进水危及整体安全，出现危险时有时间、有空间排除危机。南越国的战船可以在茫茫大海中安全航行，对四邻征伐与巡视。南越国疆域远至中南半岛。从"船纹铜提筒"上的战利品"铜鼓"可推知，现在粤西一带，当年南越国也是以船舰巡航与征伐的。适合大海航行的船舰是其国之重器，横琴岛距南越国都城番禺（广州）300里，应也在巡航范围中，毕竟纵横约300里的珠三角大海盆屈指可数就这么几个海岛。

秦汉至唐宋，虽然珠三角还没有形成平原陆地，但沙洲、沙坦渐渐出现，沼泽地的环境让生物多样性更丰富，中部的顺德在20世纪70年代就出土了一具完整的汉代鳄鱼骨架，是咸淡水生长类型的马来鳄。历史记录中，清代末年珠三角中部的顺德还有老虎出现的踪迹，中华人民共和国成立后雷州半岛还有老虎出没。

秦汉时期，岭南地区与南洋，甚至印度、中东的商贸往来相当兴盛，出土文物中就有来自南洋、中东一带的香料和银器。唐代末年，有数据显示居住在广州的外国人就约有12万，这些外国人以西来的波斯、印度、南洋人为主，不少是黑色或深肤色的人。这些西来与南来的外国人，主要是经横琴附近的水道进入的，因为这里不但是来往中国最近的路程，还是最安全的水道。打捞出水的宋代沉船"南海一号"，让我们见到了千年前离海边千里之外的江西景德镇和福建等地的瓷器漂洋过海，看到了中国人早年挂帆远航之路，听到了先人们在细说当年，更听到、看到了当年的海浪声、鸟鸣声、鱼儿飞跃波涛的身影。

第一章 横琴岛

一、横琴岁月

横琴岛上有两座山，南为大横琴山，北为小横琴山，两山东西平行走向，横亘于岛中。小横琴山长约 7.5 千米，大横琴山长约 9 千米，两山山体面积合计约 40 平方千米。大横琴山西侧的脑背山海拔 437.7 米，是珠海境内第二高峰。两山相距约 2 千米，可以形象地说是"握手山"。

以大、小横琴山为主体形成的横琴岛，是世界上最年轻的陆地之一，它从风高浪急、惊涛骇浪中横空出世，成为平湖秋月之地，时间不到 50 年，即不到一代人的时间，横琴岛就变身为高楼林立，充满活力的现代都市，让旧人、新人不禁为之激动。大、小横琴山见证了这个伟大的时刻。

横琴，东邻澳门，西望三灶，南向是一望无际的南海。日月如梭，岁月静好，日出日落，海风吹过，春夏秋冬，花草树木，万象更新，不变的是山中嶙峋巨石。

石头是不变的，是永恒的，永恒的就会"说话"，说出我们所不知的"故事"。

两岛未连片时，很长时间这是一个孤悬大海中的岛屿，渡海而来不太容易，有道是"欺山莫欺水"，况且，岛上蛇虫鼠蚁遍地，郁郁葱葱中也是危机四伏，所以，除了敢于搏击风浪之人，留驻横琴的人不太多。但是，因此地有几百年外洋贸易的历史，所以，也就形成了时歇时旺的码头经济。大横琴山东侧的红旗村,在十字门南端,是外洋船舶一个重要入口,承接洋船的物资补给,又与澳门隔海相望,这就形成横琴人气最旺的地方。

但是,这么一个"横卧大海中的古琴"的地方,除了取名源流外,也真是没有留下多少闪亮傲人的风光诗篇与古庙遗迹。沧海桑田,本是上万上千年的沉积,横琴这地方却是一页100年、1000年地翻动。在急遽变幻的时代大潮中,山不动水要动,一浪过去一浪来,你在横琴不容易看到百年建筑,无论是二塘三塘,还是向阳红旗,村村新貌,街街新人,这是时代乐章的快镜头,不变的是横琴山上的石头,在记录、在述说、在见证横琴的乐章,一章一章地展示美景。

在横琴,寻寻觅觅,南宋古战场已湮灭于岁月的流水中;小小武帝庙,民俗诉求就是保境安民;葡文碑记是记录洋人涉足我华夏大地的黑暗日子。

屈大均名诗:"洋船争出是官商,十字门开向二洋。五丝八丝广缎好,银钱堆满十三行。"那时停泊、经过横琴的洋船,满载的是白银,还有香料、银器、象牙等。但是,不到200年时间,经过这里的洋船却是满船鸦片和射向中国人的枪炮。

名山大川,自有名山大川的内涵,但大漠风沙也可凭吊楼兰岁月。中国文化入山是修心养性,逍遥如庄子;泛舟三峡,一日千里,陶醉似李白;张九龄一句"海上生明月,天涯共此时",这是身在长安城中的岭南士人怀想其"一亩三分地"。三国枭雄曹操《观沧海》就一个"观"字,《山海经》精卫衔微木填沧海是不可为而为之。纵观古今,我们真的少见海中搏击风浪的《老人与海》。大海变幻莫测,龙王分东、南、北来镇守,但也是倒海翻江的源头,虽然我们可以幻想拔起定海神针,一个跟头十万八千里,但实际上一直少有远涉重洋,走一回《海底两万里》。

"山不在高,有仙则名。水不在深,有龙则灵。"

黄帝、炎帝们亲手斧斫的弦琴早已进入横琴岛,是唯一传承和留存此遗产的地方。人是先以音韵传扬,后以文字记录。名不名、灵不灵?今天,随着时代的沉浮变幻,正是万里征途再出发。今天,无数满载的万吨轮船,犹如过江之鲫从这大海通道中进进出出。这地方已证明沧海桑田，不变的是人——守土有人则灵！

据记录，20世纪60年代末，大横琴岛有人家109户、人口642人，7个生产队；小横琴岛有人家69户、人口314人，4个生产队。生产队在两岛岸边，村名为上村、下村、三塘、四塘、石山、向阳、红旗等，两个海岛耕地面积不到1平方千米，村民主要从事蚝业养殖，出海捕鱼是副业。

横琴山是石山，满山杂树，蛇虫滋生，山下没有可作耕种的土地，但东西两边珠江口、磨刀门带来富含养分的泥沙沉积，成为得天独厚的蚝田养殖场。蚝肉食用后，蚝壳是优质的建筑材料，可砌墙，可烧制石灰。现在表面上看来横琴岛似乎没有给世间留下来什么宝物，但是，明清时期珠三角不少房子采用蚝壳砌筑，应有不少蚝壳来自横琴岛。

明代宋应星《天工开物》载：

> 凡海滨石山傍水处，咸浪积压，生出蛎房，闽中曰蚝房。经年久者，长成数丈，阔则数亩，崎岖如石假山形。……凡燔蛎灰者，执椎与凿，濡足取来（药铺所货牡蛎，即此碎块），叠煤架火燔成，与前石灰共法。粘砌城墙、桥梁，调和桐油造舟，功皆相同。

《天工开物》是一本古代科技类书籍，由书中文字记载可知蚝的生长之旺盛和蚝壳作为建材的历史是相当久远的。

清代梁廷枏《粤海关志》记录许多税关均定有"灰壳"或"壳灰"进口的纳税金额。如南洋小口："灰壳船进口，收钱五文。"东陇正税口："灰壳船进口，大载收钱一百七十六；小载收钱八十八文。"海门口："灰壳船，大者每只收钱一百一十文；小者每只收钱六十六文。"

清宣统年间《南海县志·古迹略》载："粤俗屋壁昔人率用蚝壳为之，制极坚好，一望如鱼鳞相错，有高至数丈者。诸壳凑累而成，稍动其一，则全壁皆塌，可绝穿窬之盗，梅圣俞诗比之铁石，信然。"

梅圣俞是宋代诗人，由此可知，蚝壳建材时间的久远。

清代屈大均言："以其（蚝）壳累墙，高至五六丈不仆。壳中有一片莹滑而圆，是曰蚝光，以砌照壁，望之若鱼鳞然，雨洗益白。"

除了美观外，蚝壳建房还有防盗功能，所以，蚝壳成为珠三角人喜爱的砌墙材料。

当年遍布珠三角的蚝壳屋，还有现存的蚝壳屋，有多少是使用横琴蚝壳建成的，目前没有数据可查。

每年9月至次年3月，横琴岛的咸潮在珠江基面0.5米至1米，最大可达2至3米。从1958年后，中心沟每年淤积高度约0.1米，1970年前后，大、小横琴岛之间的淤积已浮出沙坦，特别是小横琴中部的万利围，因东西两面潮水涨落夹击，已堆积成马鞍形的沙洲。为此，在发展粮食生产的指示下，珠海县政府对堵海围垦工程进行了规划，主要是计划在大、小横琴岛之间修筑堤坝，分为东、西两堤把中心沟堵海成陆。西堤从南面余井角（横排石）至北面舵尾角（西环仔），全长2147米；东堤从南面粗砂环（西山咀）至北面南山咀（大角头），全长1860米。从西到东堵海合围成陆全长6720米。就此，人迹稀少的横琴岛，渡海而来上万人，造化出一个横琴的沧海桑田，编写了一个"横琴沧海桑田"的故事。

横琴岛上的大、小横琴山，见证了一切，不仅仅是海中成陆那么简单。

围垦工程是人类社会发展中一个重要的活动，为了生存，为了发展，全国以及世界各地都有不少围垦历史故事，也建有不少与围垦有关的纪念馆，各个纪念馆都有各自的历史故事，充满艰辛，也见证不少快乐，毕竟大海搏击风浪是可歌可泣的赞歌。

横琴，大海中围出的一块陆地，很快，这片陆地就平地起高楼。

肩挑手提如愚公移山一样战天斗地，又眼见高楼林立的现代都市呈现世间，这种愚公移山又见证高殿华堂是世间少有的享受，无怪乎参与当年围垦的人总是向人们，特别是向年轻人叙说当年自己在横琴如何淤泥滩中流血流汗，而今日在横琴长隆看水族馆中鲸鱼、海豚表演如何开心，人老心不老，坐上过山车，在惊呼声再次享受冲浪的刺激。毕竟一个人有所成就，亲历、见证了沧海桑田，又享受到成果，这是人生最大快乐。

现在，几十年前还显得很荒凉的横琴岛上，在山的环抱中建起了海洋公园，是休闲和娱乐、科技与文化的乐园。门口高达几十层楼高的企鹅造型，憨态可掬，给你的是海洋的温馨、温暖的微笑，让你心中不禁沉入海洋的梦幻境界中。

▲ 珠海长隆海洋世界

这里日日游人如鲫，天天欢声笑语，那幸福画面恍如梦幻。几十年前，没有人会想到，这里会有太平洋的海象和魔鬼鱼，有大西洋的大白鲨和鲸鱼，有南极洲的企鹅和海狮，等等，各式各样的海洋生物，世界各大洋的经典动物都来到了横琴。海豚是通人性的，当训练员站在其背上，当海豚顶着水球表演时，让观者不得不认可大海动物的可爱、聪明，无不感受到大海动物的亲和力。人，可以适应海洋，可以探索大海的奥秘。在度假村中，看着鱼跃鸟飞，这是幻觉吗？不是，这是真实的，而且是中国人从世界各地空运、船运回来安顿在横琴，安顿在横琴这个深深刻有中国海洋文化的地方。

在这个欢乐的海洋世界里，如果你想一下，200年前，旁边的海道驶过了来自远方满载奇珍异宝的商船，驶过了来自远方满载罪恶毒品的鸦片船，驶过了来自远方满载血腥的炮舰，你不得不感叹，当国家强大时，人民的幸福就是鲸鱼、鲨鱼为你起舞，老虎、狮子给你唱歌。

当然，有点遗憾的是欢乐的海洋世界少了一点居安思危感，纵观中国，没有哪一个地方有比横琴积淀得更深厚海洋文化的地方，横琴是与国家命运紧紧关联的地方，鲸鱼、鲨鱼为你起舞，老虎、狮子给你唱歌时，我们不能忘记苦难的先辈们，他们承受的苦难，他们与命运的抗争，才让我们有今天的欢乐海洋世界。

今天，横琴成为粤澳深度合作区，成为国家战略的一个重要部分，成为全国乃至全世界瞩目的地方，是历史又一次赋予其不一般的重任。粤澳深度合作区是划时代的安排，其承前启后，于国家、于民族具有深度与广泛的影响。

大、小横琴，两个小海岛，沧海桑田、风云际会合二为一，成为一个横琴岛。这世事沧桑，不免令人唏嘘，向海而生的横琴见证了东西方文化的交融、碰撞，那帆篷高悬的年代，那炮火连天的岁月，今日，在横琴山上吟唱《七子之歌》，闻一多先生应会"听到"，他应会欣慰地"微笑"。

况且，横琴又肩负起历史使命，守望几百年后又在坚守民族的魂灵，毕竟"七子"离家日久，"归家"还需重整心灵。

况且，古人俞伯牙弹出的《高山流水》，钟子期回应的是振聋发聩的和音。

历史的乐章如一曲长长的乐曲，一直在横琴回响。

横琴，不是一个普通的海岛！

横琴山，不是普通的山，一草一木，一沙一石都能细说上下五千年！

如果展望未来，横琴所肩负的历史使命定当载入史册，包括大、小横琴山上的每一块石头和一草一木。

二、《高山流水》

大、小横琴岛东西横亘海中，两岛相距仅 2000 米，是真正的"握手岛"，据传说因两座海岛有如两把横卧大海中的古琴，故取名为大横琴、小横琴。事实也是如此，两个岛都是东边窄并低，西边阔且高，外形与古琴相仿，有如海中两把古琴对弹与唱和。

古琴又称瑶琴、玉琴、七弦琴，是中国古代传统拨弦乐器，已有超过 3000 年的历史。古琴音域宽广，音色深沉，余音悠远。古籍中记载作琴之人是伏羲、神农、黄帝尧，然后，炎帝舜定五弦，周文王增一弦，周武王伐纣又增一弦，终为七弦。古琴真的不简单，都是帝王亲手斧斫而成。这不是神化，传说不会是无源之水、无本之木，我们看到的是"中华文化，是身体力行，是以身作则"，几千年来一以贯之，谓之教化万民，无不是帝王将相因果相生。由此可见，可能是华夏文字出现之前就有了"琴"，以弦和音，以表达人的感情、性格与诉求，从这古琴源流可见中华文化的源远流长，博大精深。

古琴结构高位是凤额、弦眼、岳山，中位是仙人肩、玉女腰，低位是冠角、龙龈，七根弦线一贯始终，琴身部位分为声池、天柱、龙池、地柱、足池、凤沼、韵沼。现在琴曲存世 3360 多首，琴谱 130 多部，琴歌 300 多首。2003 年 11 月 7 日，中国古琴被选为世界非物质遗产，2006 年被列入中国非物质文化遗产名录。

  但是，古人没有条件如飞鸟一样高飞俯视横琴全貌，只能绕岛目测，古琴中的各个部位却基本与山的特征相匹配，什么仙女肩、玉女腰、天柱、龙池无不可以找到对应的地方。当条件有所限制时，丰富的想象力就是创造力，没有梦想就没有理想。全国各地的不少山峰是以外形取名，那些小山岗更是习惯性地以形定名，很接地气。但是，取名太过简单，甚至粗鲁、粗暴，例如"猪仔山""烟墩山""瘦狗岭"等，往往在社会发展起来后，当地人就会奔走呼号要"改名"，要改一个文雅一点的名字。但是，在现代社会各项规章越来越严谨的情况下，更改一个名字，需要动用、整合很多资源，成本非常高，所以，没有太特别对社会产生不良影响，一般是不会同意改新名字。

  前人取的"横琴"之名，不但有文化价值，还有经济价值，这是前人留给我们的一份看得见、摸得着、有真金白银价值的遗产。

  古人以浪漫的想象力，把孤悬大海中的两块石头取名为"横卧大海之古琴"——没有文化，哪能有丰富的想象力？古人言之有物地引经据典：

  《列子》等载，春秋战国时期，晋国士大夫伯牙善弹七弦琴，技艺高超，被尊为"琴仙"。初时伯牙三年学琴不成，难有长进，他的老师把他带到东海蓬莱山去听海水澎湃、群鸟悲鸣之音，经年历练终成大家。伯牙学成，遇到知音钟子期。伯牙善鼓琴，钟子期善听。伯牙鼓琴，志在流水。钟子期曰："善哉！洋洋兮若江河！"伯牙所念，钟子期必得之。伯牙抚琴"高山流水"余音绕梁，三日而不知肉味。

  这就是"高山流水遇知音"的典故。蓬莱在东海，只是伯牙听海声、鸟鸣的地方，但他的宝琴对海当歌是在万里之外的南海之滨。"高山流水"的典故寄寓在横琴山是最形象了，岛东是开阔百多千米的珠江口，岛西是珠江水系主流西江的主要出海口磨刀门，大海东西对撞的澎湃声，岛上各种鸟鸣虫叫声，海岛的外在形体，放之四海也少有这么鬼斧神工的地方。

远的不说，以岭南一地的沿海岛屿（山）名字，真没有哪一个如横琴一样可索上下五千年，可寻万世仙人踪。文天祥一句"零丁洋里叹零丁"让珠江口的伶仃岛一直"风萧萧兮易水寒，壮士一去兮不复还"，孤独伶仃加持了历史重负，让过客无不为之心头戚戚然。西望的三灶岛，得名更是非常简单，就是渔民上岛找到礁石上三个适合煮饭的小石坑，生火做饭，日久天长后就顺口叫此地为"三灶岛"。可能是当时的三灶岛就这么几块礁石，几个山头，外观中规中矩，让人失去想象力，只能一下子想到"民以食为天"，按实用主义取名。

横琴，得名自"横卧大海中的古琴"，现在没有证据知道是谁给其取的名字，但魏晋唐宋年间，诗词歌赋兴盛，及至元明清，"横琴"二字和文字意境都见于不少诗词中："初唐四杰"之一的卢照邻有"横琴答山水，披卷阅公卿"；大唐"诗仙"李白有"横琴倚高松，把酒望远山"。那"横琴"的气场，不得不让人陶醉、神往。横琴岛的"横琴"二字以地理入册，是在600多年前明朝初年开始纂修的文献《寰宇通志》，大意是说"香山百里外有海岛曰横琴"，文字表述来自之前的约定俗成，即早已出现和流传的名字被收录入册。

但是，横琴只是两个小荒岛，乱石成山，没有可耕作的泥土，无人迹则风景孤独，难有人识其全貌、窥其真实。横琴成诗唱和的并不多，偶成一二首，弥足珍贵。

明代香山县人黄瑜的《横琴山》：

曾闻炎海狩重叶，一曲南薰阜万家。
膝上横琴携不去，至今弦轸尽苔花。

清代首任澳门同知印光任的《横琴秋霁诗》：

凭高秋极目，孤屿一琴横。

有曲仙应谱,无弦籁自鸣。

烟开万顷碧,木落九霄清。

冷冷湘潇意,平沙雁数声。

"横琴"幸得古人丰富的想象力,应是天地万物赋予的使命,因为,这地方所弹奏的琴音、所演绎的事迹一直到今天都是国之重器、国之命运!

大、小横琴山是守疆镇海之神,佑我中华之神,非一龙一仙可比!

横琴是琴瑟和鸣之地!

伯牙、钟子期也好,黄帝、炎帝也罢,都是神化之人,好的地方、好的景物就有好的传说,横琴就有这样的传说"仙女赠琴":

传说中,在那遥远的天宫,住着七位美丽的仙女。她们时常结伴下凡,感受人间的烟火气息。有一日,她们心血来潮,降临到了这片海域,在波光粼粼的海水里尽情沐浴,玩得不亦乐乎。

就在这时,一位渔夫出海归来,他的小船恰好路过仙女们沐浴的海滩。仙女们的欢声笑语和优雅舞姿引来了众多海洋生物和渔夫的围观,他们都被仙女们的美貌和气质所倾倒。

随着夕阳西下,月亮缓缓升起,海面被染上了一层银色的光芒。仙女们知道,她们即将返回天宫,不能再久留人间。于是,她们决定跟这位渔夫道个别,还赠送给他一份特别的礼物——一把大琴和一把小琴。

渔夫接过琴,心中满是感激和欣喜。他知道,这是仙女们对他的祝福和馈赠,也是他们之间的美好回忆。然而,就在他准备开口道谢的时候,天空中突然传来一阵悠扬的仙乐,仙女们纷纷化作一道道光束,冲天而起,眨眼间就消失在了云端。

顿时,狂风大作,海浪翻卷,仿佛在为仙女们的离去而哀鸣。而那两把仙琴,也在这一刻化作了大小横琴两座岛屿,永远地留在了这片海域。

这个美丽的传说，让大、小横琴岛有了仙女们的婀娜身影，让海岛有了灵性。仙女与仙琴是人民心目中永恒的美好主题，也因此成为人们心中的神秘之地，吸引着无数游客前来探寻和感受那段传奇的韵味。

事实是横琴岛真的常有"琴瑟"合奏，真的宛如两把横卧的古琴，奏响春夏秋冬的琴音。横琴岛北面是东西横亘的南屏山，东边是珠江口，西边是磨刀门，南面是一望无际的茫茫大海，无论风从哪里来，穿过大、小横琴岛都会发出风啸声，大、小横琴岛就如两根琴弦，不同的季节会发出不同的调子，或万马奔腾，或和风细雨，或惊涛骇浪，或婉约娇媚。

这仙女仙琴的神奇琴音，怎能不让人陶醉？

三、中心沟、十字门

近十几年来，横琴建设热火朝天，建造高楼和大桥时，桩基数据显示大、小横琴山之间的中心沟，沉积淤泥最厚的地方有约 60 米，这样的厚度似乎不大，但是大、小横琴山相距才约 2 千米，我们可以想象无水无淤积时，这里是多么陡峭的高山与险峻悬崖。

400 多年前的明嘉靖三十二年（1553 年），葡萄牙人谋取澳门作为其开展东方贸易的立脚点，自此来自欧洲的商船汇集珠江口，至清代十三行时期，大、小横琴岛之间的中心沟，以及周边水域因其地理位置与环境优越，成为洋船锚泊地，参与十三行商贸活动的商船在此地补充淡水和食物，等候办好通关文牒开往广州黄埔港。

清代屈大均《广州竹枝词》：

边人带得岭南来,今岁梅花春始开。
白头老人不识雪,惊看白满越王台。

日食槟榔口不空,南人口让北人红。
灰多叶少如相等,管取胭脂个个同。

佛桑亦是扶桑花,朵朵烧云如海霞。
日向蛮娘髻边出,人人插得一枝斜。

洋船争出是官商,十字门开向二洋。
五丝八丝广缎好,银钱堆满十三行。

十字钱多是大官,官兵枉向澳门盘。
东西洋货先呈样,白黑番奴拥白丹。

女葛无多况女香,纷纷香尉在炎方。
归舟莫过沉香浦,风雨难留一片黄。

好笋是人家里竹,好藕是人家里莲。
好崽是人家女婿,鸳鸯各自一双眠。

  这竹枝词,让我们看到当年的商贸盛况,万商云集,世界各地奇珍异宝汇聚于此,与今天的国际都市万国博览会一样。那时候,地大物博的中国所需进口的物资有限,除了一些香料、工艺品外,洋船所载运的大都是当时世界贸易的硬通货"白银",洋商用银圆采购中国的茶叶、陶瓷和丝绸,可以这么说,洋商是漂洋过海运半船白银来,载回一船茶叶、陶瓷和丝绸。所以"一船丝绸去,一船白银归"是当年的市场风景,你可以想象到人们满足和兴奋的场景。

而屈大均竹枝词中的"十字门"就是今日澳门与横琴之间的交叉水道,"十"字一竖是澳门与横琴分界线,一横就是大、小横琴山之间的中心沟向东到现在澳门九澳郊野公园。当年,西来洋船自三灶岛方向进入横琴二岛之间锚泊,东来洋船也要进入这个地方等候查验,特别是清代"一口通商"时期,全国对外贸易都在广州,所有与中国正常经贸往来的洋船都要停泊在珠江口候检候查并补充粮食物资,锚泊地主要是横琴一带水道。洋船办理好关文后沿十字门水道北行进入珠江口,然后溯江而上进入广州。洋船等候通关文书的时间大约需要一个月,关文办好才能"引水"——由海关派出引水员带船入珠江。所以,每个贸易季,洋商与船员在横琴和澳门一带需要生活约一个月。

从现存的大英博物馆"中国清代外销画"可知珠江水运的兴旺发达,画中洋船的船形外观让我们看到当年东西方文化的交融与对碰。今天,十字门水道已海道变"河道",一横成了天沐河和九澳郊野公园,一竖成了横琴与澳门的分隔"河涌"。曾经船帆高悬,遮天蔽日,一片繁华景象的地方已进入一个新篇章。

平日里十字门水道是很优越的商船锚泊地,但是,遇到东西贯通的台风天气,这里却是风卷云涌、浊浪滔天。那可是风吹雨打、艇翻船沉的暴戾场面。虽然条条大路通罗马,但任何路都不会是一条千里坦途,过程中有波折在所难免。所以,有专家就寄此思念:如果在横琴这地方发现、挖掘出一二艘沉船,那可是与"南海一号"一样的重大考古发现成果。说句老实话,我们真不希望在横琴发现"南海二号",因为一艘沉船就是一个历史悲剧,更大的悲剧在于见到船却见不到人,可能此人是谁,姓甚名谁也无迹无痕。"南海一号"就是这样,一船古物,锅碗瓢盆样样齐全,就是不见人、不见人名,研究知道是宋代中国人的船,更确定是福建的海船,却连船名(船东名字)也无迹无痕,只能无奈地取名"南海一号"。"南海一号"是迄今为止世界上发现的海上沉船中年代最早、船体最大、保存最完整的远洋贸易商船,对研究我国古代造船工艺、航海技术等提供了典型标本。它为海上丝绸之路的历史、陶瓷史提供了极为难得的实物资料,甚至

▲ 珠海IFC

获得文献和陆上考古无法提供的信息,为海上丝绸之路研究贡献了珍贵的实物,充实了世界航海史和贸易史,对研究我国乃至整个东亚、东南亚的古代造船史、陶瓷史、航运史、贸易史等有着重要意义。"南海一号"是一个文化符号,发掘"南海一号"成了文化大事件。

"南海一号"最大的遗憾有"物"、有"事",但是,无"人"。

历史应是让人有痕迹的,但往往历史又让后人为之唏嘘,繁华富贵,终成一梦——几百、上千年后别人的梦!

我们不希望在横琴发现"南海一号"一样的沉船,但可能有一天真的会有所发现,毕竟这里上千年,甚至2000年来就是繁忙的东西方贸易交汇点,有数不胜数、大大小小、各式各样的中外船舶经过这里,如果这一天出现时,希望"南海二号"是有"事"、有"物",还有"人",完美的历史——"悲剧"也应是完美的"悲剧"——就像莎士比亚的经典,不少是悲喜剧,那是人生的完美戏剧。

"山不在高,有仙则名。水不在深,有龙则灵。"大横琴山和小横琴山,只是海中孤山，没有仙迹却有仙名。不管俞伯牙和钟子期穿越时空也好，古人托梦也好，他们实实在在地站在山上见证了几千年，特别是近几百年来东西方文化的交融与碰撞，而且，这里是交融与碰撞的起点！

四、《七子之歌》

有线索说大横琴山西南角的深井赤沙湾可能有横琴最早的人类活动遗迹，推测是新石器晚期的先民活动遗存，专家计划开挖，但只制订了计划并没有实施下去。推测应不是虚拟的，因为百里远的五桂山就发现有新石器中晚期的人类活动遗迹。横琴深井这地方原来是一个天然的港湾，西向、水深、景色宜人，是一个海上渔猎活动最理想的歇息地，附近的二井海湾景色醉人，现在还吸引不少喜欢大海搏击风浪的人寻踪觅趣。

50年前，站在大横琴山西端，放眼深井湾外的海面上，不时会见到白海豚跃出水面，还有美人鱼（儒艮）出现，其身姿之优美让人不禁为之兴奋和陶醉。

经过几千年珠江口和磨刀门带来的泥沙沉积，大、小横琴之间的中心沟在1970年期间已变成一片滩涂地，涨潮时水深一二米，落潮时露出大片淤泥滩。除了中心沟这狭长海沟，岛的四周也出现不少滩涂，这时期的天地造化，让这地方成为适合咸淡水生息的蚝的乐园。疯长的横琴蚝，以个大和肉质肥美而声誉远播，直至今天，还让食客寻味横琴，回味无穷。

横琴蚝欢快生长时期，"洋船争出是官商，十字门开向二洋"已成为历史。鸦片战争后，国门被洋枪洋炮轰开，不但洋人商船不用停泊十字门等候通关文牒，洋人军舰也直接驶入珠江，还上溯到西江，不少重要江海通行要道，竟由外国列强设立税关，强征豪夺。这在今天看来，真是不可思议的国家悲剧，人民的悲哀。

鸦片战争后100多年时间，横琴这个洋船锚泊地没有了东西洋停留的帆篷，沉寂下来，横卧大海中的古琴，弹出了《高山流水》，拉出了忧郁的小提琴协奏曲，也变调奏响了激昂的交响乐。

大、小横琴，山不高、水不深，无仙踪也无龙迹，但它们见证了东西文化的交融与碰撞，见证了澳门的割让，见证了中华民族近代苦难的开端，见证了1999年12月20日最近一块回归的国土——澳门的回归。

当国旗在澳门升起来，闻一多先生"唱"起了《七子之歌》：

邶有七子之母不安其室。七子自怨自艾，冀以回其母心。诗人作《凯风》以慰之。吾国自《尼布楚条约》迄旅大之租让，先后丧失之土地，失养于祖国，受虐于异类，臆其悲哀之情，盖有甚于《凯风》之七子，因择其中与中华关系最亲切者七地，为作歌各一章，以抒其孤苦亡告，眷怀祖国之哀忱，亦以励国人之奋斗云尔。国疆崩丧，积日既久，国人视之漠然。不见夫法兰西之Alsace-Lorraine耶？"精诚所至，金石能开。"诚如斯，中华"七子"之归来其在旦夕乎！

澳门

你可知"妈港"不是我的真名姓？

我离开你的襁褓太久了，母亲！

但是他们掳去的是我的肉体，

你依然保管我内心的灵魂。

那三百年来梦寐不忘的生母啊！

请叫儿的乳名，

叫我一声"澳门"！

母亲！我要回来，母亲！

香港

我好比凤阙阶前守夜的黄豹,
母亲呀,我身份虽微,地位险要。
如今狞恶的海狮扑在我身上,
啖着我的骨肉,咽着我的脂膏;
母亲呀,我哭泣号啕,呼你不应。
母亲呀,快让我躲入你的怀抱!
母亲!我要回来,母亲!

台湾

我们是东海捧出的珍珠一串,
琉球是我的群弟,我就是台湾。
我胸中还氤氲着郑氏的英魂,
精忠的赤血点染了我的家传。
母亲,酷炎的夏日要晒死我了,
赐我个号令,我还能背水一战。
母亲!我要回来,母亲!

威海卫

再让我看守着中华最古老的海,
这边岸上原有圣人的丘陵在。
母亲,莫忘了我是防海的健将,
我有一座刘公岛作我的盾牌。
快救我回来呀,时期已经到了。
我背后葬的尽是圣人的遗骸!
母亲!我要回来,母亲!

广州湾

东海和硇州是我的一双管钥,
我是神州后门上的一把铁锁。
你为什么把我借给一个盗贼?
母亲呀,你千万不该抛弃了我!
母亲,让我快回到你的膝前来,
我要紧紧地拥抱着你的脚踝。
母亲!我要回来,母亲!

九龙岛

我的胞兄香港在诉他的苦痛,
母亲呀,可记得你的幼女九龙?
自从我下嫁给那镇海的魔王,
我何曾有一天不在泪涛汹涌!
母亲,我天天数着归宁的吉日,
我只怕希望要变作一场空梦。
母亲!我要回来,母亲!

旅顺,大连

我们是旅顺,大连,孪生的兄弟。
我们的命运应该如何地比拟?
两个强邻将我来回地蹴蹋,
我们是暴徒脚下的两团烂泥。
母亲,归期到了,快领我们回来。
你不知道儿们如何的想念你!
母亲!我们要回来,母亲!

闻一多先生应是两眼泪水潸潸，毕竟从澳门这个"儿子"被掳走开始"闻一多先生们"一直在奔走、等待，已奔走、等待了差不多500年了！500年时间有多长？中国人有一句俗语"五百年前我们是一家"，500年就是整整一个轮回。500年时间有多长？名著《西游记》中孙悟空被压在五指山下就是500年。在中国文化中，500年是一个命运的符号，代表的是火山喷发一样的怒吼！

闻一多先生细数一下掳走"七子"之洋人，葡萄牙掳走澳门，英国掳走香港、九龙岛、威海卫，日本掳走台湾，法国掳走广州湾（湛江），旅顺、大连更被俄罗斯、日本、苏联如猫抢炉中烤鱼，多次易手，多次让中国生灵涂炭。被掳走时间最长的是澳门，澳门——国之殇，民之痛。

《七子之歌》是闻一多先生1925年3月在美国求学期间创作的组诗，他希望能让民众从漠然中警醒，奋起争先，振兴中华，收复失地。

澳门回归前《七子之歌·澳门》被大型电视纪录片《澳门岁月》改编为主题曲，这主题曲在1999年12月20日又被选定为澳门回归主题曲。

细数《七子之歌》，从1553年至1999年，整整446年时间，中华民族屈辱与苦难从澳门开始，也从澳门结束。几百年来，紧邻澳门的大、小横琴山一直守望、守护其间，没有放弃。

苦难结束了，我们要思考的是，为什么好好的商贸往来却演变成"枪炮开路"？今天看来匪夷所思的以国家的名义"用枪炮为鸦片'保驾护航'"，当日却是横行世间。"枪炮开路"应不是文明的准则，更不是人类的守则。虽然"鸟为食亡，人为财死"，但道德有底线，历史会审判。

鸦片，当时国人叫其为"洋烟""大烟""烟土"，它是由还未成熟的罂粟果的汁液加工干燥制成的棕黑色膏状物。

大约在8世纪时，罂粟由阿拉伯商人传入中国，但只作药用。17世纪，葡萄牙人和荷兰人把鸦片的吸食方法传入中国。

谋取澳门后的葡萄牙人，在雍正年间（1723—1735年），每年向中国贩运的鸦片达到200箱。英国人更是后来居上，1715年，英国东印度公司在广州设立了商馆开始大量贩卖鸦片给中国人，每年有数千箱之多。

据历史资料统计，西方国家仅从印度贩入中国的鸦片，1729年是200箱，1767年是1000箱，1821年至1831年期间更达到18760箱。1840年鸦片战争后，清政府被迫向西方列强开放门户，鸦片大量输入中国，1879年至1880年高达80000箱以上，吸食受害的烟民超过1500万。

鸦片含有大量的吗啡、尼古丁，有很大的毒性，吸食上瘾后很难戒除，对人的健康危害极大。此时，全国各地烟馆林立，城市与乡村遍布大小鸦片烟馆，给中国社会造成非常大的祸害。其间，不少爱国仁人志士奔走呼号"劝戒鸦片""禁绝鸦片"，直到到辛亥革命胜利才禁止了鸦片进口。但是，鸦片战争后鸦片如跳出潘多拉盒子的魔鬼，中国不少地方也自行种植罂粟制作鸦片，并成为与金银一样的硬通货可以等价交易，直至中华人民共和国成立才真正禁绝罂粟种植和鸦片贩卖。

自葡萄牙谋取澳门开始，走私贩卖鸦片二三百年，让中国人饱受国殇之祸害。

欧洲人从印度贩运来中国的鸦片，绝大部分船只都是经过横琴海域，大、小横琴山见证了一切，但是，国门洞开，"横琴"只能哀号、愤怒。

破坏世界文明与人类幸福的事件，其实早在鸦片战争前就发生了。1800年前后，正是冷兵器向热兵器转换的年代，正是欧洲列强发现新大陆，挂帆出海远征、瓜分世界的狂欢时代。但是，这个狂欢时代又衍生出他们自己相互之间的矛盾与冲突，欧洲内部各国之间的战争此起彼伏，一个"百年英法战争"让世人瞠目，此起彼伏的你死我活的搏杀场景更延伸到辽阔的海上，在外游荡的武装商船以国家的名义劫掠、攻打交战方的商船，把海盗的外衣换成合法的国家战袍。这时期，欧洲人相互之间劫杀的血腥场面在珠江口外海不时发生。这地方本来是商船锚泊地，哪容外洋鬼火引入为祸？所以，当时的大清政府（主要是香山县衙）就派人宣示大清朝廷威严，明令不许洋人在大清国的家门口相互攻伐，明令洋人如果要打斗就回自己国家去打斗。如果洋人还不服从，县衙则颁令横琴等洋船锚泊地官民不许接济淡水与食物给洋人，不准许参与贸易季的买卖，勒令洋船出海回国。这样恩威并施下，洋人大多服从管理。

英国与西班牙战争期间，英国人在珠江口外洋攻击西班牙人，俘虏了近300人，当英国人船舰靠泊珠江口想补充淡水食物和维修船只时，香山县衙就明令英国人释放俘虏才准许靠泊，最后英国人不得不听从号令释放全部俘虏。

英法战争期间，在珠江口的法国商船被六艘英国炮舰围攻，法国人向清军水师求救。清廷的澳门同知印光任召唤英舰头目前来，厉声斥之："我奉知府命特来办理此事，英人若伤人性命，我们就用在黄埔的英人抵命；如抢夺货物，我们就将英商在牙行的货物抵充。"

英舰首脑听了印光任这一番义正词严的话，噤声无言。

印光任带领千余水师，披甲张炮，挂帆出海，包围英舰。印光任与全体官兵严阵以待、刀剑出鞘，六艘英舰只得灰溜溜地全部退走。清军水师出马，给法国商船解围脱险，这不但维护了正常的国际海上贸易秩序，还维护了国家的尊严。

但是，为了他们自己活得更好，为了他们自己积聚更多金银财宝，欧洲列强还是把战火烧到了我们的家门口。鸦片战争爆发，中国近代200年的民族苦难与民族振兴之路开启，让几代中国人的人生与历史深深地烙下永不磨灭的伤痕。

没有了洋船帆篷的影迹后，横琴淤泥滩涂连片，长出了大片红树林。红树林根系发达，枝叶繁茂，林中栖息着各种形态各异的生物，如小鱼小虾、海贝海螺，这生态环境让大、小横琴山上麇集了数量众多的各种鸟、蛇等动物。

横琴外海的白海豚成群结队地跃出水面，成为东边日出、西边夕阳的一道风景，但那已是带血的夕阳之景。

五、围垦成陆

20世纪60年代，大、小横琴之间的中心沟已淤积大量浮沙，为了增加粮食生产，当时的珠海县人民政府组织围垦工程队尝试围垦，首先试筑东堤，但工程以失败告终。一般围垦都是从岸边往外筑围，即单边堤围。中心沟，看着似乎很简单，两山之间，两头堵截，一举成陆。但是，中心沟是东西贯通的海况环境，其实就是在大海中围垦，其艰难与预想中的结果相差甚远，因为，除了大海中筑堤，更艰险的是水下沉积厚厚的都是淤泥腐殖质。这样，铺筑的堤坝还没有铺好坐稳成形，大一点的风浪稍微一冲击，堤坝就垮塌。经分析中心沟围垦环境的特殊性，如果要成功围垦成陆，需要动用足够多的人力和物力，与时间赛跑，跑赢海中风浪，即同时在中心沟的东西两边一举堵海成功，把风浪挡住，不让两边的风浪同时压向一侧的堤围。其时，珠海全县人口约10万，劳动人力不足，财政也困难，县委只好决定暂时搁置，把围垦工程停下来。

如果围垦成功，得到十几平方千米的良田，这是一个非常诱人的结果。况且，珠三角这个地方，一直都有围垦的传统，积累的经验也非常深厚。

1970年，经上级统一部署，由顺德县组织3000多人的围垦工程队，与珠海县约1000人的围垦工程队决战中心沟。工程队以部队建制的民兵团、营、排来推进工作。顺德县工程队从200里外开拔，人与粮食、工程物资全部是通过船运到达横琴岛，大小船艇上千艘，大船拖小船，一串一串，千帆竞发，机声隆隆，浩浩荡荡，场面蔚为壮观。工程队三天内集合到横琴岛，一切准备妥当，1971年元旦，在万利围举行声势浩大的誓师大会后围垦工程立即启动。珠海县工程队负责东堤，顺德县工程队负责西堤。当年，西堤筑堤堵口成功，东堤堤成但出现塌陷决口。第二年开春，经上级协调，珠海县工程队把所负责的东堤工程交给顺德县工程队继续完成堵口任务，这样，最终中心沟围垦工作就由顺德县工程队完成。据不完全统计，二三十年时间，从顺德到横琴参加围垦和垦殖的围垦工程民兵约有1万人。筑堤时期，围垦工程民兵是轮换制，大的轮换有三批，后期的垦殖工作是相对固定的派出人员。

顺德人在横琴的围垦经历，成为一个经久传播的经典故事，还成为"顺德四大精神"之一的中心沟围垦造田精神——"战天斗地，敢为人先"。

虽然横琴这个地方曾经以外洋商贸一度热闹过，但20世纪70年代，国家还处于百废待兴的时期，一切都是从零开始，所以，中心沟围垦的总结词是"战天斗地，敢为人先"。当年的围垦队员回忆说："我们吃了几万只老鼠，把横琴的老鼠和蛇都食光了。"这不是夸张，这是事实，当时围垦的粮食物资都得从顺德用船运过来，不太容易，幸好，南粤人历来是天上飞、地面走、土中钻、水里游的，无论四条腿、两条腿还是无腿无脚的，一切皆可被变魔法似的上桌成为盛宴佳馔。围垦队员最津津乐道，回味无穷的是当地的禾虫，禾虫是季节性动物，只有三四月份才有，捞回来的禾虫，加上鸡蛋，"禾虫蒸鸡蛋"，那满碟满盆的蛋白质，妥妥是增强人民体质的大补品。当然，当时围垦队员们收工路过见到小水坑，下去捞一捞就能捞到不少鱼虾蟹，用瓦煲煮熟就是一顿打牙祭补充营养的海鲜大餐。他们也吃过海豚肉，什么味道呢？他们形象、通俗地说吃的是"海猪肉"。

围垦工程队修筑西堤、东堤的石头是从大、小横琴山上采运下来的，主要采自大、小横琴山两端的山嘴。堤坝铺填的海沙是从大横琴南面两端的沙滩挖回来的，大船把沙运回来，然后又用小艇转运到筑坝工地。工程队又研究出方法，砍伐红树林捆绑成扎作为铺沙固堤用，这样，一层红树林一层沙和石，层层叠叠，就把堤坝坐稳在淤泥滩上。这种铺叠方法，应该就是力学的基本理论，面积与压力之比。

有传说，珠海县工程队在修筑东堤时为了解决堤坝沉降和堵口问题，把约十

◀ 围垦工地

条龙舟装满石头沉入淤泥中，除了当时龙舟文化价值下降贬值外，还有一个几百年来珠三角传下来的决堤堵口经验"木船装满石头沉于决口"。但愿有一天沉入东堤下的珠海龙舟能重新出水——那就是妥妥的龙舟文化中的"起龙""出水"——满满的、沉甸甸的历史文化。

1971年12月西堤筑成，西堤水闸座闸成功；1972年5月东堤成功堵口合围。大、小横琴岛连成一片，中心沟成陆面积约14平方千米。

经过多年的引淡排咸，中心沟成为适合耕种的良田，面积约2万亩，除了种水稻外，还种植甘蔗、花生、甘薯等经济作物。后来，耕地又改良成适合鱼塘养殖为主的基塘农业模式。

两岛成一岛，两山终于再次手拉手。这两岛能够再次手拉手，等待了多少个年月、经过了多少时间，真的无从考证准确，只知道在沧桑岁月里，几万或几十万年前，这珠江海盆曾经是海水退却变陆地，后来又海潮上来成为茫茫大海。

这就是潮起潮落、沧海桑田。

亘古时期潮起潮落和沧海桑田，没有人见证，没有证据证明有人见证。今日，我们有幸见证了横琴这个地方从无风而有声、无风而三尺浪的大海时隐时现的淤泥滩，变成风光旖旎的蔗基鱼塘，再成为高殿华堂的现代都市。

人多了，要生活，还要种植耕作，基本生存条件就是淡水资源。如果没有适合人饮用和庄稼生长的淡水，那么，横琴只会是一个无人荒岛。

横琴山不是一个突兀的独立孤峰，山体不大却也众峰环侍，这就是古琴结构上的龙柱、龙池等的对应位置。小横琴山从主峰南向往下，山涧溪水冲刷出几个山坑，围垦队员们搬来石块筑起堤坝，就形成了三级山塘，储存的淡水解决了向阳、万利围一带的用水问题，大点的山塘还可供人游泳，天然的山涧水，泡入其中就一个"爽"字。大横琴山条件更优越，西端由几个山头环抱合围，天生就形成一个大山塘，这个山塘人们称之为"牛角坑"，主峰脑背山就在牛角坑的南面。牛角坑东邻三塘、西临深井、南接二井、北面就是中心沟垦区，牛角坑长达 2.87 千米，集雨面积 2.9 平方千米，仅有两条山涧向南出水流泻，水头落差超过 60 米。

围垦工程指挥部在围垦工程开始时就谋划把牛角坑利用起来，计划在北向山口筑一道堤坝，增大储水容量，安装水力发电机组，建成水电站，既让山坑水成为生活和耕种用水，又让水电站发电照亮横琴。

1972 年时，顺德县政府就派出水电工程技术人员来牛角坑考察，研究水库水电站建设的可行性。按照规划设计，水库正常水位为 73.4 米，库容量为 147 万立方米，主坝长 100 米，宽 3 米，安装水轮发电机组 125 千瓦，年发电量 49 万度。

1976 年 7 月 1 日，牛角坑青年水库电站工程指挥所成立，1978 年春全面完成规划设计的各项任务，光明来到横琴，电站的电力分别输送到有关单位和东、西两座水闸，包括各村和驻岛部队营房都用上了牛角坑青年水库电站的电力。

经过两次上马，珠海和顺德合力把中心沟这片淤泥滩围垦成陆，让大、小横琴岛握手连成一个整体，两岛成一岛，两岛变两山，然后，很快地平地起高楼，不但荒岛步入现代都市行列，还肩负上国家的重大历史使命——横琴粤澳深度合作区——这内涵不是一座现代都市那么简单的，不管如何，当一个地方成为焦点时，政治、经济、文化给予的就是厚厚的回报。历史不会辜负付出过汗水的人，展望明天，横琴这个海岛，拔地而起的将是粤港澳大湾区的核心发展区域，这个地方不仅仅是发展经济那么简单，它还肩负实现国家第二个百年奋斗目标的重任，肩负民族与文化振兴的重任。

2016年7月和11月，为了完成横琴中心沟围垦历史研究课题，我们两次专程前往横琴现场采访，这时候横琴新区建设已在火热进行中。7月时，围垦队员的标志记忆"西堤水闸"还在，但与新西堤水闸相比，旧水闸显得苍老与残旧，不到50年时间，飞速发展的时代，时间让一切转眼间成为历史。面对这个50年时间的"同台K歌"的西堤水闸，我们唏嘘不已，感慨当年，为自己见证这里星移斗转，见证祖国旧貌换新颜而激动。11月时，见到西堤水闸被拆除了，虽然惋惜"古董""文物"的消失，但也发现"横琴岁月"就是一代人的天地，一代人的时间就天地变模样，山河换新颜，一页纸满载的是200年，甚至是500年

▲ 2000年中心沟田园美景

的故事。

在横琴中心沟围垦50周年纪念期间，老围垦队员陈少红挑灯夜战，用七彩画笔绘下了50幅描写当年艰苦奋斗的围垦场景，从画中可知老围垦人眼中的横琴是祖国的南海长城，壮丽河山入画卷，横琴有一页。横琴的前世今生，满满的主旋律，可惜的是百千年前没有大师泛舟上岛描画几笔，今天，幸运的是有历经横琴凤凰涅槃的人画下这50幅图画，成为唯一的记录，也是亲历者的记录，真的难能可贵。

当年中心沟围垦工程副总指挥、总指挥、民兵团团长黎子流，后任广州市市长，退休后一直致力于地方文化的发扬与传承，为中华民族优秀传统文化的传播奔走于世界各地，成为一个中国文化"网红"。他讲起横琴中心沟"战天斗地，敢为人先"的围垦故事，可以讲三天三夜。2002年元旦，他题写了对中心沟、对横琴的寄语"总结过去，不忘历史。展望未来，再创新图"。他一生什么都经历过，但他最难忘的是横琴的人与故事：人，让他感受到同甘共苦的温暖、温情；故事，让他的思想境界升华、豁达。可以这么说，没有当年横琴的经历，就没有后来的"中国文化'网红'黎子流"。

▲ 围垦工程队营地（绘画：陈少红）　　▲ 西堤水闸（绘画：陈少红）

2001年5月,在围垦指挥部旧址,黎子流题写了"莫忘旧,尽在情",中共珠海市委原书记梁广大题写了"金心沟"。20世纪80年代马骝洲水道围垦是由梁广大领导,那时已用上工程机械了。

我们一直听开天辟地的故事,说的是上古、久远的神话故事,很好听,但是,似乎很遥远。大、小横琴岛—横琴岛—大横琴山—小横琴山,一个地方,可以上溯、下探上下五千年。伯牙、子期横置弦琴于大海中,对弹和唱,今天,一页一页新的画卷翻开呈现世间。

横琴,如何不令人着迷,如何不令人神往?

第二章　小横琴山

小横琴山在横琴岛北面，西高东低，山体主要是花岗岩，但石块形状不太完整，有崩塌滚动的痕迹。凡是山中有美景，必是悬崖为佳处。小横琴山西端面向北方的一侧有石壁成崖，这是一堵不太高的崖壁，这崖壁是当年围垦时采石留下的遗迹。站在这崖上，远眺是陆地上的山外山，山脚下就是用这崖壁的石块砌筑成坝，围垦成陆的马骝洲垦区。马骝洲水道两边的垦地是20世纪80年代由珠海经济特区组织围垦工程队围垦成陆的。这个围垦时期刚好遇上改革开放，已可用上部分工程机械设备，工程很快就完成了。

除了整体外形被前人取名"横琴"外，小横琴山没有奇峰胜景，山上更没有一间寺庙院落，称之为荒岛荒山也不为过。荒山野岭，不要说圣迹难觅，人迹也难见。如此一来，山脚下的顺德县中心沟围垦指挥部旧址就突兀地成为一处"圣地"，围垦队员住过的石屋就成为"古迹"。指挥部楼房和石屋是20世纪70年代后期修建。石屋位置是当年杏坛营营地，往西的山嘴是沙滘（乐从）营营地，往东的万利围是当年勒流营营地。当初上岛围垦时营地是临时搭建的茅棚，围垦筑堤工程结束，茅棚很快就破烂消失了。

紧靠顺德县中心沟围垦指挥部旧址的自然村落名向阳村，当年是小横琴岛的生产大队，村名与大横琴岛的红旗村一样颇具时代特色。

一、向阳村

小横琴山下的向阳村，是一个很小的村，20世纪60年代才聚居100多人，村子虽小，却是当年小横琴岛最主要的村落。

村民不太多，社会的变化、经济的因素，大部分村民进进出出，代代有变化，但来来去去的村民主要是沿海渔民，有些是西江流域沿磨刀门过来的蛋家人。现在村里家家户户已经是新楼房，几乎没有旧房的痕迹。

与珠三角各地普遍存在的村头巷尾社公、土地民俗不一样，向阳村不见有这风俗，也没有祠堂之类的建筑，如果访问村民，大多说不清对自己祖上来自哪里，什么时候来此地。

有这么一个真实的故事：

>日常大家都称呼一个渔民兄弟为"江西老表"，"江西老表"给大家说自己是划着渔船从江西鄱阳湖来到珠三角打鱼的，但没有一个人相信他说的话，因为大家都知道鄱阳湖属于长江水系，万千高山的阻隔，他怎么可能划着小渔船来到珠江水系呢？
>
>"江西老表"耐心地解说："我从鄱阳湖入长江，然后进湘江，溯湘江而上到湘桂交界的灵渠，过灵渠顺漓江而下到西江。"

长江鄱阳湖的渔民是通过连接湘漓二水的灵渠来到珠江水域打鱼。

灵渠是秦始皇下令开挖，2000多年来一直正常运行。如果有一天有人说其祖先是渔民，划着渔船自北方京津地区的海河或者渤海来到横琴，你可不可能怀疑，因为1000多年前京杭大运河已把海河、黄河、长江连通，珠江却早已连上长江了。只不过大家听京杭大运河故事多,少闻灵渠当年的辉煌。

渔民都是逐鱼而生,闻说哪里鱼多就往哪里去,真正四海为家,所以,渔民聚居的地方,说话语音大多很特别,与周边居民有点不一样。

中华人民共和国成立,周总理指示渔民上岸安居,全国江河大海的渔民才有了自己的家。渔民安居,结束了千百年来渔民无根飘萍一样的生活,因为千百年来渔民以船为家,他们拥有河水、江水、海水,但一寸土地都不属于他们,特别是珠江流域的疍家人来自全国各地,饱受流离之苦。

横琴岛的渔民来自哪里?

清朝初年,因各地南明抗清势力多据沿海地区,郑成功据台湾抗清,清廷采取粗暴、野蛮的手段实行海禁,旋即又发布迁海令,自北至南所有沿海居民内迁30至50里,以断绝郑成功与沿海地区交接,对粤闽浙沿海地区要求特严,广东沿海地区更是强令三次迁海。迁海令下,有此地方更是当日令下当日迁,否则杀无赦。如此,沿海地区被清兵放火焚烧房屋田畴,村村老少哭声震天相携逃亡。迁海令下,责令界内一村一堡建造监守台,实行连坐制,擅自出海者杀,擅自自海上登岸者杀,放出放入者同罪。这样,沿海地区成为无人区。没有人的粤闽沿海地区,很快就荒草疯长,野兽出没。过了几十年,台湾郑氏降清,第二年,清廷才发布复界令,允许人们回乡,但昔日繁华的海岸乡镇已是需要重新开荒垦殖了,回来者不一定是原来的旧人了。

由清初的海禁政策可知,向阳村,或者说横琴的人,能够讲得清祖上来自哪里,什么时候来的,也就是只有二三百年了,对于源远流长的中华氏族文化来说真的太短了。况且,这二三百年来,横琴这个地方直接面对东西文化的冲击,文化多样性,也可以说文化支离破碎,物是人非。

向阳村只是一个渔民偶然靠泊的海上"驿站",这样一个小码头,百来号人,为了生活、为了生存,让向阳村这个地方几乎可以形容为海上浮萍。所以,如果你要问村民"你贵姓?你来自哪里?你祖上什么时候来此地?"就如一个新闻采访一样,说一两天的故事就合适,往前多讲几天就成为历史了。这就是海岛的人文特征，特别是向阳村这个几百年来面对东西文化冲击的地方，可能还比不上远在远海的孤岛那样有根有故事。向阳村人有如大海中的沙砾、贝壳，让风浪推来翻去，三几日就来一个新面孔的变化。

向阳村是一个面向大海而存在的小村落，不能按陆上百年、千年不变的村庄来理解，只可理解为海潮上来时你看得见，海潮退走时村庄也跟着退走了，人也漂向远方了。

但是，水过留痕，不管海潮涨涨退退，故事却是留下了。在向阳村西侧密林中有一条山涧，常年有清水潺潺流淌，20世纪90年代在这山涧中曾发现一棵本地特有柞桑古树，经华南农业大学专家鉴定树龄有300多年。桑树曾经是珠三角地区重要的经济作物，丝绸就来自种桑养蚕，但当年海上孤岛的横琴没有多少耕地，没有过种桑养蚕的历史，如果是有心人栽种也不可能选择在山涧中的，最大的可能是飞鸟从陆上带来的桑椹种子发芽生根。后来，这棵300多年老桑树被移植到顺德大良顺峰山公园保育，作为横琴围垦纪念的一部分。

向阳村东边的万利围，在小横琴山中间位置，南向，原来是一个海湾，东边珠江口经澳门海域带过来的泥沙，在这里遇上西边磨刀门的海潮，东西潮水对冲，中心沟的泥沙最早就沉积在这里，所以，在横琴围垦成陆前，万利围已是横琴最大的滩涂地。

在万利围后边的山坡上有一座烈士纪念碑，是纪念1971年2月12日在大横琴二井外海挖沙的运沙船沉没牺牲的四名勒流营龙眼排民兵，以及另一名1971年11月2日牺牲于西堤水闸的龙江营左滩排民兵。2月12日牺牲的四个民兵，是夜里运沙船搁浅在二井外海中，到深夜时分涨潮，船沉，船上五人落水，在漆黑一片的大海中分不清方向，反方向向外海游去，最终一人被经过的新会渔民救起，其他四人遇难。

当时遇难的四人，由围垦指挥部在顺德举行了追悼大会，并归葬龙眼家乡，家人获得政府的抚恤。获救的人回到家乡龙眼务农，后来在村中市场设摊卖猪肉，也算老有所为。

"围垦民兵的牺牲"是横琴的其中一个故事。

几百年、几千年来,小横琴山面对那么多风风雨雨,似乎什么痕迹也没有留下,但是,今天,一大一小两个海岛终于握手连成一片陆地,终于旧貌换新颜,终于荒岛荒山见高楼,所以,付出了血与汗,我们不能忘记。

二、围垦指挥部旧址与石屋

顺德县中心沟围垦指挥部旧址,是一座很普通的房子,正面是两层高的楼房,墙基是石块,石块的外观较粗糙。当年二楼是招待所,因为上级领导来指导工作,从省、县来到横琴可以说是山长水远,来一趟不容易,来去都要两三天时间。小院两边是办公室类型的平房,院子里有当年种植的龙眼树,还有高耸笔直的云杉。现在办公楼前还保留有政府机构的牌子,给人一种庄严、正规的感觉,但牌子上所写的机构已不存在,牌子已进入"文物"的角色。

今天,除了政府机构的牌子,指挥部旧址已没有多少围垦遗迹,只设有一个简单的"顺德县中心沟围垦"图片展览室。展览室展示了当年中心沟围垦成陆和垦殖时期的图片,还有关于中心沟权属问题的相关文件,基本上能清晰地让参观者了解大、小横琴岛这个地方围垦成陆变成横琴岛的历史概况。

指挥部旧址是当年上万顺德围垦民兵的回忆和纪念地,每年都有不少老围垦队员或结队旧地重游,或带儿孙和亲朋好友现场叙说当年的"战天斗地,敢为人先",有点朝圣的韵味,却又是欢乐的场面,往往是一大群人叽叽喳喳说不停,欢声笑语远远地传出院外。旧地重游者年年来,欢乐场面年年如是。欢声笑语的场景,有时候让路过的人觉得不可理解,觉得这地方不是什么大庙大寺,更不是名山大川,有什么可让他们这么激动呢?

当我们与老围垦民兵一道重游横琴时,见到他们说完当年的各种故事,然后就是感叹横琴的林立高楼、车水马龙。毕竟，高楼平地起，平地是他们手提肩挑筑堤围垦成陆的。年年来，他们就是要看看每年横琴的变化，多一座高楼拔地而起，多一个公园花开树长，又一个游乐场开门迎客，都让他们感到快乐，好像高楼、公园、游乐场是他们建成的。

人在历史中出现，都只是一个偶然而已，不是人人都有机会出现在历史中，甚至自己看到自己缔造的历史，况且那是"开天辟地"的历史，这是什么感觉？他们刚好参与其中，怎能不激动？

这些六七十岁的老人，爬上小横琴山时，却可以小步快跑，因为他们要抢着说"这是当年爆石的地方""这是当年上山打柴的路""这里当年上山拉练来过""我背着枪，在这里站岗放哨"。看见一只雀鸟在树上蹦跳鸣叫，他们会像小孩一样好奇、快乐；看见一条大蛇发出"嗖嗖"声惊慌地爬过，他们一点都不害怕，大呼大叫地冲上前去作追捕状，边追边说："这蛇当年我吃过！"有人会戏谑说："怪不得这蛇吓得飞快逃跑了，原来当年你吃过它！"

当年吃不饱、穿不暖，无论多么艰苦，今日说起来都是眉开眼笑，笑脸盈盈面对这个世界，幸福写满每一个人的脸。不是他们得到什么鲍参鱼翅大饱一餐，而是因为他们知道自己见证了今日横琴的惠风和畅与河山壮丽。

据说，后来大部分顺德围垦人都返回了顺德，只有十个八个人在这里偶遇另一半，谈情说爱间因姻缘而扎根在横琴。

指挥部旧址牌坊的对联和两边围墙的宣传语很有时代特色，但是，现在看到的对联"涓涓沟涧怀恩德，荡荡水泊心气顺"和宣传语"团结拼搏、求实创新"不是最初的文字，不同时期有不同要求，文字也就更新了。"中南水庄"四个大字是给20世纪90年代前后成立的对虾养殖场起的名字，一直保留至今。当时，为了发展经济，成立良种隔离试验场，引进国外不少动植物试种试养，把国外的各种具有经济价值的虾类、鱼类等水产和芒果、圆椒等水果蔬菜引入隔离种养，性质是农业科学试验场，可惜没有坚持下来。现在南方各地的新品种鱼虾、水果、蔬菜，很多都是在这里开始引进试种试养的，这里独特的环境与气候，是新品种动植物最好的选育繁殖地。

紧挨指挥部旧址的石屋是当年筑堤工程完成后,大部分民兵撤退,留下负责垦殖开发的民兵,为了解决他们的生活问题,让他们无后顾之忧而建起的。这是20世纪70年代中建起来的房屋,砌墙的石头是从山上打下来的,虽然不太规整,但应是专门为了建房而采挖。当时建成的石屋有一百多座(户),三墙两户设计,都是平顶平房,整齐划一排列,有点部队营房的味道。以围垦队员一家一户来估计,留在这里垦殖的围垦队员差不多有500人。

石屋未建成时,围垦民兵住的是临时搭建的茅棚,过一二年,茅棚不是自行破烂,就是被火烧毁,存下来的茅棚,遇上台风几乎是被一扫而空,有的连竹架也被台风吹得无影无踪。当时,往横琴运物资材料,都是船运,按当时的管理规则,还须从二三百里外的顺德调运来,所以,相当困难。如此,山上坚固的花岗岩石刚好是上好的建筑材料,上山采石也就顺理成章了。

指挥部旧址和石屋,虽然只有约50年的历史,显得老旧,但却有厚重的故事,也是小横琴山最完整、最"古老"的建筑物。

▲ 顺德龙江官田老围垦队员重游横琴(供图:康炳明)

现在指挥部旧址由顺德政府派出人员值守,因为按两地政府约定,这地方100亩土地使用权归顺德所有,建筑物产权也归顺德所有,作为当年顺德在横琴围垦艰苦岁月的纪念。

这是一个很有特色、很特别的地方,没有太深入了解大、小横琴岛围垦成陆历史的人到此一游时,看见指挥部大楼门口的招牌"珠海经济特区佛山市顺德区人民政府中心沟办事处"时,总觉得不可理解:"这地方属于'顺德'?"这就是"读万卷书行万里路"和"行万里路读万卷书"的相向问题。

横琴没有忘记肩挑手提艰苦岁月走过来的围垦人,不但有100亩围垦纪念地,不少地名还保留有"顺德"元素,地名上正正规规地有"勒流"这个地方,那是当年"顺德县中心沟围垦民兵团勒流营"驻地。一块刻有"顺景路"文字的石头保留下来,此路也保持叫顺景路。

"顺景路"刻石是顺德市驻中心沟办事处副主任伍于永在2000年12月所题写,题石是不是与山体连在一起,大家没有求证过。顺景路题石位于溪涧旁,原来的小路沿溪涧而筑成,题石高而显眼,现在小路垫高,高于题石,指挥部旧址工作人员不时过来清除杂草,题石才让行人看见。这块石刻,虽然不是名家摩崖石刻,却是横琴难得一见的沧海桑田见证。

横琴岛上"顺景路""勒流"这地名,与伯牙、子期、中心沟、十字门、港澳等地名,构成了一部新横琴全景式的历史故事。可以这么说,在横琴路上走一走、街上行一行,踩着的就是历史的音符,听到的就是历史的回响。

顺德县中心沟围垦指挥部旧址后院有一条流过的溪涧,这溪涧较大,是主峰上下泻的山溪水,溪水日夜长流。沿着溪涧可直上主峰,往上的山势较为平缓,沿途的山塘,有的是当年采石筑堤和建房遗留的痕迹。现在沿着山涧修筑了一条行山小径,翻越山顶就到了山北,从山北小径下来就是马骝洲水道。行山径约有2千米长,沿途松树、相思树丛生,最多的是遍山的山稔子,一簇一簇地漫山遍野。这酱紫色的山稔子是最让人回味的野果，因其在南方山岭常见，最重要的是不少人或年少时山野间撒欢或曾经游山玩水时随手摘来品尝，今天，在横琴山上再一次回味，那是人生最大的快乐。

第三章　大横琴山

　　大横琴山在横琴岛南面，直接面向茫茫大海，山南有不少海湾，大凡海湾环境都是当今人们最追捧的休闲度假之地。面向大海，不管海面平静，还是波浪翻滚，你以优雅的身姿，以休闲的心情，想天地之悠悠，思日月之交替，那是一个人生的最高境界，非老庄可比。面对精彩的世界，不以遁世来谋划，站在高台上，背靠繁花似锦、如鲫游人，当你优雅地面对浪高七尺的大海，你应会感到什么叫天地正气，什么叫撼天动地，或者可以理解为真正的"玉树临风"。

▶红旗村码头（绘画：陈少红）

大横琴山比小横琴山长那么一点点，刚好大的给小的拦住了大海正面冲过来的惊涛骇浪，有如一个大哥哥叉开马步，稳立在小弟弟前边，挡住了一切风雨，挡住了所有风沙。

红旗村是大横琴的中心，也是当年大、小横琴岛的中心，这是一个因码头而起的地方，刚好处于十字门水道的南向入口，距澳门是咫尺之遥。

一、三叠泉

三叠泉，是在大横琴山中部北侧的三塘村，泉水是从主峰脑背山流下来形成的三级飞瀑，大狭瀑、飞凌瀑、隐灵瀑，是海边、海岛难得一见的瀑布。更难得的是山下积水成潭，沙滩环绕，水清可游泳，水温上温下凉，有海水的热度，有溪水的清凉。

瀑布形成的第一个条件是水，第二个条件是有坚硬的、整体性的岩石山体，第三个条件是山体凹凸有度。

大横琴山，山并不高，花岗石的山体，山上有一个天然大"储水罐"，有充足的水源，飞流直下"三百尺"的瀑布，在坚固的石头上凿出了几个水潭，让一泻而下的流水形成多级飞瀑，在清朗阳光的照射下，瀑布有如白练飘扬、有如美女山中浣纱，有如悠悠古琴声中汉唐歌女庭中起舞。

三叠泉，飞瀑扬花，涧中有日月，溪涧石台相影趣，胜景应是这边独好。

为何胜景这边独好？三叠泉上有观景台，拾级而上，相思树、松树，树影婆娑，季节合适时，酱紫色的山稔子发出诱人的光亮。观景台上抬眼入景，北望小横琴山山外有山，近看中心沟日新月异、平地高楼起，西见夕阳之下芦苇荡、红树林天长日久，东叹澳门美景入国画。登高而远望，可怀古人之幽思，可思家人肌肤之亲切。

登山观景，无外乎感受风月，看飞鸟高飞，观云蒸霞蔚，蓝天白云之下，享受当下快乐人生。

三叠泉被《全景中国》列为广东五大必游景点之一。不知道《全景中国》以什么标准把三叠泉列为广东美景，因为无论开发时间和强度，三叠泉都寂寂无闻。横琴这个地方让世人知道其重要性，仅仅20年左右的时间。横琴是一个荒岛，更何况一条山涧？全国名声在外的名山大川多的是，"飞流直下三千尺"的庐山瀑布，一瀑盖千瀑。

是不是养在深山无人识？

北望小横琴山山外有山。山外有山，就是层峦叠嶂，这里的层峦叠嶂是一道道横亘东西的山峰，山不高，却是犹如预设的拦海大坝，景色入画外，为的是遮风挡雨。

近看中心沟日新月异、平地高楼起。如果你知道这条海沟帆影高悬，淤泥滩上鹤舞飞扬，才几十年时间，却已是高楼林立，你能不感叹天地造化之能量吗？

西见夕阳之下芦苇荡、红树林天长日久。当年，围垦成陆，西堤外依然波涛滚滚，浪翻鱼跃，现在却已岸线向西超过1000米，苇草轻摇、红树林还在向前延伸生长。有数据显示，西江出海口磨刀门每年带来的泥沙沉积物，让海岸线延伸差不多100米。有可能下次你来这里，走路就可以直接到三灶岛了。三灶岛，现在只余下一个名字，早已与陆地连成一个整体了。按这个海况环境和变化，隔海相望的横琴岛、三灶岛距离"握手"相会的日子应不会太远。大自然的力量，会让你感受到"观沧浪，见日月"，人生无非是看斗转星移，万物更生。

东叹澳门美景入国画。澳门，也是荒凉之地变幻出来的现代都市，时代的印记深深刻在中华民族的历史中。澳门的美，不在于高楼大厦，只在于灵魂之美，在于国家强、民族强、文化强、人民强。虽然路漫漫，几百年了，澳门终于回归祖国怀抱，多少年、多少仁人志士，为正义、为民族抛头颅、洒热血，他们为的是什么？为的是今天登高远望，祖国大好河山，美景如画，没有苦难、没有屈辱，不再"惶恐滩头说惶恐，零丁洋里叹零丁"。

走马观花，高山深坐，如能见日月，如能悟人生，此即为天地造化之道。

三叠泉，潭不深、水不长，你、我、他登高临风，放眼远望三千里，见她是无仙而灵动，无龙却可九天揽日月。

三叠泉是《全景中国》评出广东五大必游景点之一，我认为三叠泉是人人都应该去看一看的地方，看风景、看人生、看未来。休闲即修心养性，研学即探索未来、筑梦明天。如果诗人们到三叠泉看一看，放眼三千里，定会赋出"飞流直下三千尺""春风不度玉门关"。毕竟，几千年中华诗歌史，还不见"惊涛拍岸琴自横，莲花紫荆入图画"。

二、天湖

大横琴山西侧的天湖风景区，是20世纪70年代后期建成的牛角坑青年水库电站，现在旧水坝和水电站已拆除，新建了一座更高、更牢固的水坝，新水坝没有设计发电功能，只是拦山蓄水。

二三十年前为了开发此地、为了提高经济效益，把牛角坑青年水库电站取名为"天湖"。"牛角坑"和"天湖"都是以形取名，山坑形似牛角，所以叫牛角坑，湖形有天湖的感觉，所以叫天湖。高山之上，与天比肩者才可谓之"天湖"。放眼华夏大地，北有长白山白雪皑皑的天池，南有横琴山一碧如洗、与日月相映成趣的天湖。相隔万里，虽然横琴天湖没有长白天池阔大和高深，但是，横琴天湖厚重不输长白天池。

弯弯回旋曲折的山路，山不高，所以，行走并不困难。站在水坝上，南见天湖水如碗中佳酿，北望下方涧水叮当，山口外山外山，高楼连天天上天。天工造物，不外乎造福人间，造福人间才谓之天之工。人造天湖，天湖育人。天湖水，来自牛角坑，牛角坑生于横琴山，文雅也罢，俗气也罢，都来自天地灵气，都是天地造化。

今天，清幽的天湖、度假酒店、慢步小径、休闲花园、一步一景、移步换景，步入了风景名胜中，脱去了野性，没有了艰辛。当年围垦队员们"吭哧吭哧"肩扛水泥、石头的场景已成为历史，让我们不能忘怀的是他们当日只是为了找到、利用好适合人类生存的基本要素——淡水。他们一到横琴岛，第一时间就盯上了这里，目的很明确"为了生存"，没有什么风花雪月、没有什么闲情逸致。对着当日的牛角坑，他们没有诗兴，也没有画趣。一代人有一代人的思想，天地不转换，牛角坑依然是牛角坑，天湖美景还在等待中。

站在天湖水坝上，南边的横琴主峰脑背山如一道高大屏障，这屏障背后就是大海。蓝天白云之下，日月同辉，山峰巍巍，天湖平静如镜，却可"听"大海之风高浪急、更可"见"大海之惊涛骇浪。

春夏时节，湖水天上来，山中涛声阵阵，水面却不起一丝波澜。

湖中水位下落时，可以见到露出湖边粉黛色的山泥，经水浸泡过的山泥几乎没有变色，这是一尘不染的水体才可能有这样的风貌。

天湖之水天上来，一尘不染，一点不假，坚守千百年，初心不忘。此水可濯心灵，可涤尘埃。

天之巅的天湖，非西湖与东湖可比。平湖秋月如闺中难见之美女，湖中倒映之亭台楼阁，风起涟漪一波淹。而横琴天湖山不高、湖不大，映日见苍穹，天边咫尺间，松涛声声见苍龙。

天湖岱色如许，不枉横琴之神话，三皇五帝，抚琴有弦音，惜秦皇汉武，未曾驭风君临。

这天湖，风景优美，景色怡人，让人陶醉，乐而忘返。

天湖是横琴的命门，当年的垦殖岁月时，这是横琴生活、种养用水的保证，现在是风景度假地，也是横琴主要的城市水源。但是，天湖高高在天，城市安全就必须要求120分，所以，天湖就要天天监察，就算科技发达，自动化设施全套配置，也要双保险地要求用人来监察、复核水位的变化，包括坝体的安全状况，更要求监察人员 24 小时在岗。

天湖，历尽沧桑见日月，守望、守护和养育一方，如果要说地灵天动，那就是终有人杰来赋能的时候。

我们问天湖水坝的守护员："你天天看护吗？"

他说："是的。"

我们问："如何看护？"

他说："定时巡视、监察，准确记录、归档。"

我们问："有这个必要吗？"

他说："肯定有必要啦！！！"

三、武帝庙

位于四塘村脑背山半山腰的武帝庙，是横琴地区为数不多的古庙宇，始建年代无可考，现在的庙堂建筑是清嘉庆年间重修，后经多次维修，基本形制完善，

▲1971年从天湖位置远眺中心沟

香火日盛。

武帝庙坐南朝北，面积不到20平方米，面积不大，真的很小，庙堂不雄伟，但造工颇精致，堂上地面是三合土，建筑硬山顶，花岗岩的石砌大门，阴刻楷书门匾、壁龛式碑刻，庙外地面均铺设花岗岩石板。

武帝庙祭祀的是关公，是《三国演义》人物，他的故事和形象可谓深入人心。关公，红脸长须、绿袍、青龙偃月刀，是中华传统文化中传播最广、最让人民接受的战神。有了关公，战无不胜，内可镇妖，外能辟鬼。

岭南不少地方庙宇以观音大士为主，横琴以"武帝"为大，临南海而不尚南海观音，如此，是否可知古人明白守土有责，镇邪驱魔还须要有实力？

武帝庙现存的重修碑记是清嘉庆年间所立，所透出的信息量非常大。嘉庆年间是1795年至1820年，是大清国康乾盛世积聚国力后的顶峰时期，那可是傲视世间的日子，是东西方贸易的鼎盛时期，康乾盛世财富占世界三分之上，但是，财富可敌全世界的大清国却被英国等新兴国家虎视眈眈，要分一块肉，还想拆一块骨。在内忧外患之下，珠江口外，横琴岛旁，已是硝烟暗涌，炮声传来。欧洲人不但在珠江口外相互攻伐、厮杀，还不时进入珠江口内寻衅挑战中华民族。嘉庆年间，外洋的枪炮声已传到横琴山上，我们可以理解，横琴人重修武帝庙不是只为了上几炷香烛，实打实是要"驱魔镇邪"。

嘉庆年后不久，英国人就以林则徐禁烟，虎门销烟，影响毒品鸦片在中国倾销而发动两次战争，这就是人类几千年文明史上最匪夷所思的"鸦片战争"——为了贩卖毒品而发动战争——还堂而皇之地以东西方贸易不平等来装扮、粉饰。这战争的借口，连当时不少英国人，包括一些政客和媒体都说："历史会审判英国，英国会被钉在历史的耻辱柱上。"

当年，英国人发动鸦片战争是为了向中国贩卖、倾销毒品，今日美国人为了不让毒品在美国泛滥，不时或大或小地在中美洲发动军事行动，这真的是历史的讽刺。

虽然，鸦片战争爆发，"武帝"们也挡不住狼虎肆虐，没能拒敌于国门，但是，先知先觉，尽职尽责，这是难能可贵的国之本质、人之本分。

武帝庙，在南方沿海地区很常见，特别是潮汕、闽南一带，与这些地方历史上来自海上的不安宁有关，海盗、倭寇、番鬼，是南方沿海的历史之痛。

武帝庙，在内地是用来保佑出行平安，在海边，则是保境安民、御敌抗侮。南方沿海常见的妈祖庙或天后宫，在横琴却没有建成过。

横琴武帝庙的关公，应是第一个上马驰骋疆场，奋勇杀敌的天神，是唯一一个第一时间见证了几百年东西方文化交融和碰撞的天神——天神有天眼。

庙小神不小，位卑未敢忘国忧。有前仆后继者，才有国泰民安，才有子子孙孙千万代。龙有龙威，仙有仙骨，才让山河无恙，才让名山大川傲立神州。

此谓之文化让民族与国家兴与盛。

此谓之岁月无情什么都可能忘记，不能忘记的是风骨与脊梁！

四、葡文碑

横琴的遗迹，有些是带着历史的伤痕和无奈，这是处于历史转折点的印记，是各种社会与文化矛盾的烙印。

在红旗村旁有一条瀑布，瀑布不大，雨季才成瀑，平时只是叮咚流水，山脚下流水积蓄成潭，形成一池清水。池中清水可见游鱼，清水清可照人。此瀑布本是无名之水，本是无名之瀑，好事者取名"流水瀑布"，简单、直接，容易解读。后又有好事者取其名曰"相思瀑布"，"一瀑流水寄相思"内涵似乎相当丰富。

一名一故事，一名一解读，得到的是让人沉思与拷问。

山川瀑布，"飞流直下三千尺"，引文人墨客"疑是银河落九天"。高、深、远、大是风景名胜的基本要素，文人墨客画龙点睛一样挥洒一下，就让其名传千里，流传万年。

横琴红旗村此瀑此流水，只是小小山岗一瓢流水，特色是山不高、崖不陡，一掬山水泻百尺，没有震耳欲聋的千尺飞瀑之声，只有触手可及水花飞溅的琴弦之音。

为了横琴发现之美，我们也是挖空心思，"少年不识愁滋味，爱上层楼。爱上层楼，为赋新词强说愁"。这小小瀑布美不美，我们不好扮作诗人非要赋上新词强说美景如画。要知道大自然中，水的威力是无限的，水滴能石穿，但凡瀑布经过的地方，不是乱石堆积，就是巉岩如天崩地裂，引人遐想联翩。但是，这小小瀑布冲刷出的裸露石头，看着就知道既坚硬又完整，又似乎会向人说话。

横琴红旗村的瀑布，水长流，石头没有破碎，有一个完整的岁月，有一个完整的故事。

据说，澳门被葡萄牙人谋取后，随着开埠日长，人口增加，生活用水日益紧张，澳葡当局就盯上了一水之隔的横琴，为了得到横琴的淡水，为了他们自己能生存得更好，竟然出兵要霸占横琴这个小瀑布，但是，横琴人组织起来，拼死护卫家园，把葡萄牙人赶走了。

当日，葡萄牙人谋取澳门时，用了一点心思，打着悲情牌，说上岸晒东西，但是，他们上岸摊开被服一晒太阳就赖着不走了。后来，葡萄牙人似模似样地与当时的中国政府商量，被允许支付点费用后得以落脚澳门。很长一段时间，任何进入澳门的船只和人，都必须向香山县地方政府报备，接受监督、监管。这时却为了淡水，为了自己的生存，假模假样也不做了，直接派兵上横琴岛强占，这是强盗行径，是对主权国家的侵略。

"横琴人奋起赶走了葡萄牙人"，这个说辞很长国人志气，很有历史感，就算是传说也不会是空穴来风，不会是没有依托的基础，"护卫家园"本来就是人的本性，好故事多传播就是一个励志经典。但是，这个励志经典故事不见于"正史"中。

小瀑布旁有一块镶嵌在墙上的水泥板，板上压印有葡萄牙文字。水泥板，就是现代的物品,葡文就是与澳葡当局有关。

据档案资料介绍:

  横琴岛葡文碑刻。珠海还有一块葡萄牙文压印的水泥碑,位于横琴镇大横琴岛红旗村流水瀑布景区山脚处蓄水池石砌水泥墙面上。该碑呈方形,压印有4行葡文,中间一行压印有时间"1937"年,这是横琴岛上发现的第一处与澳葡政府有直接关系的历史资料。

  据《澳门大事记》及相关档案记载,1887年葡萄牙人就来到过横琴岛,曾多次提出过领土要求,均被清政府拒绝。葡人一直不甘心,利用疏浚河道、采石取土等借口不断侵犯横琴及附近地区。澳门面积小人口多,饮用水主要靠从珠海引入。横琴岛距澳门路环岛仅250米,自然成为葡萄牙人取水之处。据84岁的横琴镇红旗村村民梁照回忆,葡萄牙殖民者的取水货轮每天都要往返澳门、横琴之间运送淡水,殖民者禁止渔民在运水的航线上捕鱼,还严令横琴岛民不得在水里游泳,以保护水源。

▲ 葡文碑

1937年日军先后攻占了珠海的担杆岛、荷包岛、高栏岛、三灶岛等多座岛屿，澳门局势紧张。葡人知道日本人来势汹汹，横琴岛朝不保夕，于是在岛上刻石为记，标明该岛是自己的领地。果然，同年12月日军占领了横琴岛。1945年日本人撤离横琴岛，葡萄牙人重修水池和碑刻。

我国各地虽都有历史上遗留的大量摩崖碑刻，但像珠海这样遗存多国文字的石刻档案并不多见。石刻档案与普通碑刻不同，它能够证实或说明一定的历史事件或人物，是研究历史极为重要的凭证。

竖碑立旗，宣示占有，这是强权凌弱的人间悲剧，这种行径就如动物世界越境以尿液、以气味划占领地一样。但是，荒芜之地，无人认领之地，插旗犹可理解，横琴岛可是有中国人生息千百年的地方，经过此地的各国洋船、洋人都受过横琴淡水、粮食物资补充的恩惠，澳葡当局的举动就是强盗行径。水泥，那时候，珠三角人叫作"红毛泥"，"红毛"是欧洲人的特征，欧洲人被珠三角人呼为"红毛鬼"，"红毛泥"是带贬义的，严格来说，按立碑时的通俗称呼应是"红毛泥碑"。

但是，随着时间的推延，历史的解读却出现多样性，这块"红毛泥碑"，却有如下解读：

相思瀑布位于横琴镇红旗村旁边，瀑布山脚旁边贴着一方葡文碑刻，碑刻立于1937年6月，压印着五行葡文，碑幅面呈方形，碑刻小巧玲珑，面积仅0.168平方米。小小碑刻，藏着琴澳两岸百姓同呼吸、共命运、血浓于水的信息。红旗村与澳门路环一水之隔，隔海相望，风平浪静的日子，这边人炒菜，那边人能闻到香味，那边人煮饭焦糊了，这边人可以闻到焦糊味。据记载，澳门缺乏淡水，居民日常主要用雨水、井水和泉水，因相思瀑布一年四季，水流不息，水质优良，从1887年开始，成为澳门居民前来取水之处。每天，澳门居民划着舢板，载着水桶水箱过来，装满水，心满意足划回去,海面上,舢板来往穿梭,不知解决了多少澳门低层居民的用水之愁。澳门的渔船,也过来补给足够的淡水后,才出海作业。每天,瀑布之山脚下,琴澳两岸百姓挑水、洗衣、洗菜、淘米,笑语喧天,热闹非凡,亲密无间,水乳交融。1938年日本鬼子占领了横琴岛,相思瀑布下的蓄水池遭到了恶意破坏,1945年日本鬼子逃离了横琴,澳门居民继续过来取水,并且重修了水池和碑刻,永远不忘滴水之恩。相思瀑布,大爱无言,默默滋润着琴澳两岸百姓善良的心田,沟通琴澳两岸百姓的血脉,彰显了你无我帮、我有你取的朴素情怀。

官方对葡文碑的背景说得很清楚,碑文意思也说得很明白,我们"到此一游"应不能按自己的想法来解读历史,生花妙笔的游记却掩盖了历史的血泪涟涟,生花妙笔应是笔下有乾坤,笔下有良知。

葡文碑立于1937年6月,距今天还不到100年时间,我想:我们的伤口才刚刚愈合,血还未干吧!!!

解读成"相思",大而化之,似乎能让人接受,但是,这是大是大非,是大与小,轻与重的问题,不应为了煽情而抛弃、掩盖历史的真相。

这小小的瀑布,是一个历史内涵很丰富的地方,它的历史全景文字应是这样解读:

谋得澳门后,葡萄牙人想出兵占有横琴流水瀑布,以解决其生活用水,但被横琴人合力赶走,横琴人保卫了家园和国家尊严。

后来,经过两地协商,基于人道主义,同意澳葡当局来取水。但是,澳葡当局利用我们管治渐弱,竟然得寸进尺,介入水源管理工作中,为了不让在澳门的中国人生活陷于困顿,横琴人也就默许了(这就是血浓于水的情怀)。

但是,日军侵占横琴前,澳葡当局却乘危在瀑布前以葡文立碑宣示权利。

澳葡当局的行径是对中国的侵犯。

横琴葡文碑是中国屈辱史的实证。

不管是游山玩水,还是路过看过,历史是不应被断章取义,按自己的思想、兴趣来解读。况且"而今识尽愁滋味,欲说还休,欲说还休,却道天凉好个秋!"并不是我们乐闻乐见的。

所以,从一块小小的葡文水泥碑,我们知道横琴是一个有深度、有内涵的地方,是需要深度探寻的地方,毕竟"惊涛拍岸琴自横,莲花紫荆入图画",中华民族200多年来的屈辱,革命先辈前仆后继,今天,我们终于迎来了光明。但是,任重道远,昨天的国之殇不应被遗忘。

时间可以平复一切,但时间也会记录一切。

大海中的浪花虽然只是小小的一点,但水过有痕,雁过留声,我们不能忘记!

后记

珠江三角洲是粤港澳大湾区的主要部分,这个地方1000年前才开始沙坦显露、沙洲鹤立。今天,没有人会否认珠三角是时代的明星,不但是国家经济、文化发展的动力快车,还是社会发展的标杆。大湾区密布明星城市,有如金冠之上的明珠,让地球一天比一天明亮、一天比一天亮丽。珠海这个城市,处于珠江口西岸,是湾区的一颗耀眼明珠。

珠三角成陆时,珠海这个地方只是海中的几个小岛,海岛连片成陆,海岛变成陆上"高山",也仅仅是三五百年的时间。但是,今天的珠海依然是海岛密布,是广东最多岛屿分布的地方。这个海岛变"高山"、海中还有海岛的特色,让人想到大自然力量的无限,想到开天辟地,想到天工造物,更想到明天珠海的山岛转换。这是什么样的一种天地正气?如果你能想到,就一定能感触到这天地造化的伟大。

所以,我们提笔漫说珠海的山时,就拟定一个课题:珠海的山是昨天的岛,珠海的岛是明天的山。

这是一个大自然的题目,是一个历史为主线的题目,况且这个题目很清晰——才1000年时间的沧海桑田,更甚者横琴只是50年前海岛与高山角色的转换,一代人的工夫,一代人的时间,见证了珠海的山山水水,见证了荒野滩涂变高殿华堂。

因此,我们三个作者分工合作,谭元亨以岭南文化、明清对外贸易和新时期珠海文化建设为切入点，撰写了引言、开篇，沧桑篇的《寻找浪白澳》，美学篇的《石景山》《凤凰山》，卢荫和以历史角度撰写了美学篇的《板樟山》《前山》《黄杨山》《孖髻山》，以及见证篇、《后记》，葛慧蓉以旅游视角撰写了沧桑篇的《黑白面将军山》《炮台山》《狮山》《三灶岛》《大万山岛》《桂山岛》。

珠海是一个有很厚重历史价值的地方，本书以历史为切入角度，以人文景观和地理为广度，希望能让读者了解到更多一点的珠海文化底蕴，知道珠海"高山"林立，不张扬却是山山有故事，步步有风景，行走其间汲满的是宇宙天地之元气，得到的是一身天地之正气。

天地之正气，就是希望之所在，就是明天的辉煌与幸福！

作者

2024 年 7 月